乖，你聽畫

——希臘羅馬眾神篇

聽懂神話看懂神畫，
那些西洋古典藝術的超狂神蹟！

葵花子 著

三民書局

自序

現在想來，《乖，你聽畫》的出版起源，應該要回溯至二〇一三年的一場展覽：「蒙娜麗莎五〇〇年：達文西傳奇」。當時的公司前輩韻如邀我同行，我在重點展品〈麗達與天鵝〉前發楞，無法理解畫中裸女為何要親密地摟著一隻大天鵝，同時看著腳邊破殼而出的四個小嬰兒……這畫面過於詭異，我直覺案情不單純！博學的韻如見我一臉茫然，主動為我解說畫作典故，並信手拈來希臘神話世界的起源。離開展場後，我全無印象當日究竟看了哪些達文西的手稿或畫作，因為腦中念念不忘的是韻如口中的希臘神話故事。

我以為自知不少神話典故，但站在偉大的傳世名畫前，不僅連畫作主題都說不出個所以然，更別提欣賞藝術家的繪畫技巧和構圖，又遑論討論作品美感優劣與否？我為自己的淺薄感到羞愧，但同時點燃了旺盛的興趣，開始系統性閱讀希臘羅馬神話故事，連帶欣賞以此為靈感創作的西洋古典藝術。我起步晚，也非西洋文學或藝術專業（我的大學教授應該會罵我不務正業），但每每接觸令人著迷的神話與藝術時，越發感受到希臘羅馬神話之於西方文化的深刻。

神話故事的開放性，在於包容任何人用任何角度認識它，對於希臘羅馬神話故事的喜愛，使我不甘作為一位閱讀者，也興起用自己的角度重新詮釋故事的念頭。距離首次與〈麗達與天鵝〉相遇的幾年後，我著手架設部落格，書寫個人有感的神話故事，且整理與之相關的藝術名畫。當寫作篇章到達一定數量時，我邀請同樣對藝術有興趣的朋友 PAY 金，以一則神話故事加一幅經典名畫的形式，共同錄製 Podcast「乖，你聽畫」，與其說是專業的藝術頻道，更像是兩位女子的閒聊讀書會，分享我們的學習心得，也分享我們的平凡日常。

從頭到尾的起心動念沒有高尚的目標，只有自我滿足的學習，意外的是，部落格和 Podcast 節目開始收獲一群有共鳴的聽眾們，甚至獲得三民書局編輯部的青睞，使這原本出於私心的寫作，有機會得到更多讀者朋友的指教，至今依然誠惶誠恐的懷疑這可能是場美夢。

《乖，你聽畫》是一套希臘羅馬神話的故事書，也是一套古典繪畫的藝術書，書中精選古典繪畫出鏡率高的神話故事，藉由回歸故事源頭，歸納出故事轉化成藝術的必要圖像，使你即便面對全然陌生的畫作，也能藉由關鍵的圖像元素辨識出繪畫主題。

我必須誠實說，《乖，你聽畫》不是套具備學術研究價值的藝術書籍，而是套希望你「讀懂故事就能看懂名畫」的輕鬆讀物。其實，對於沒有西洋藝術基礎的一般大眾如我而言，光是看懂「這幅畫到底在畫什麼內容？」就足夠拉近與西洋古典藝術的距離了，也唯有奠基於此，才有能力進階欣賞藝術的表現形式，乃至於透過藝術深化我們日常生活的美感。我必須再次誠實說，閱讀完此書，你可能沒辦法獲得點評藝術的專業能力，但至少下次去美術館或博物館裝文青或尷尬約會時，保證會有不少有趣話題讓你發揮！

葵花子

二〇二二年十一月

目次

Chapter 3

Chapter 4

Chapter 5

Chapter 14

主要出場神祇關係圖

↓親子關係　☆奧林帕斯十二主神

備註 1: 爐灶女神荷絲提雅原在十二神之列，後期神話的影響力不如酒神戴奧尼索斯，故被酒神所取代。

備註 2: 冥王黑帝斯的權力僅次於神王宙斯與海王波賽頓，但冥府統治者的黑暗形象使他被排除在十二神之外。

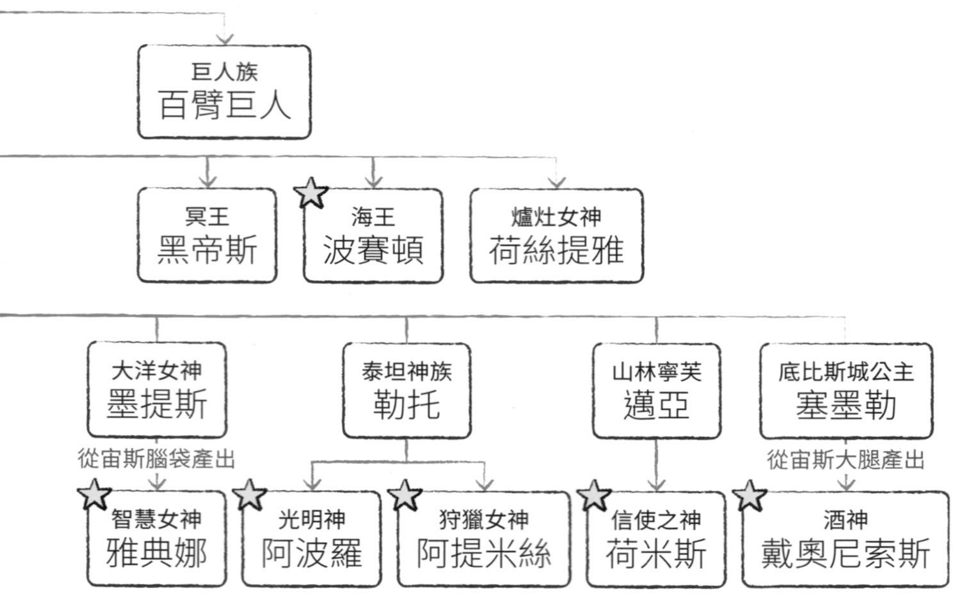

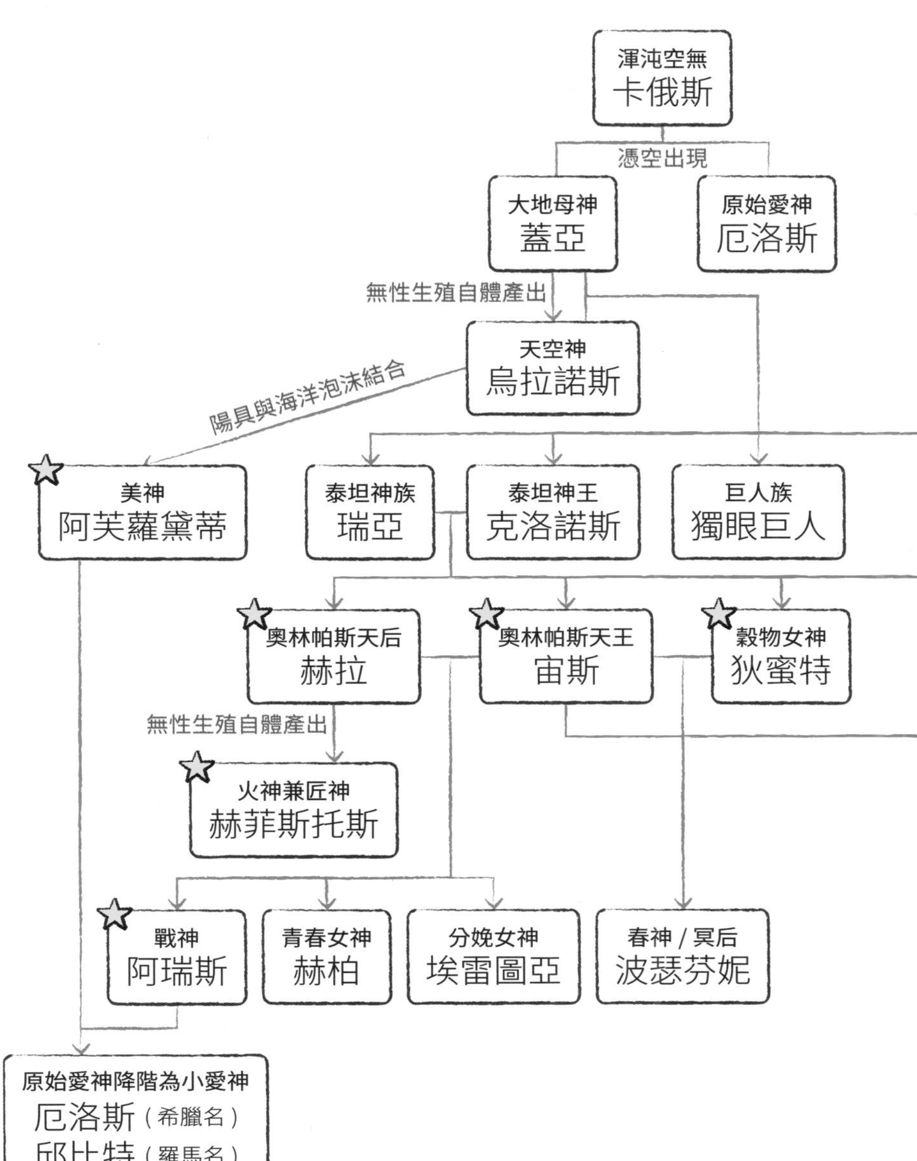

渾沌空無
卡俄斯
憑空出現
大地母神
蓋亞
原始愛神
厄洛斯
無性生殖自體產出
天空神
烏拉諾斯
陽具與海洋泡沫結合
美神
阿芙蘿黛蒂
泰坦神族
瑞亞
泰坦神王
克洛諾斯
巨人族
獨眼巨人
奧林帕斯天后
赫拉
奧林帕斯天王
宙斯
穀物女神
狄蜜特
無性生殖自體產出
火神兼匠神
赫菲斯托斯
戰神
阿瑞斯
青春女神
赫柏
分娩女神
埃雷圖亞
春神／冥后
波瑟芬妮
原始愛神降階為小愛神
厄洛斯（希臘名）
邱比特（羅馬名）

Chapter 1
泰坦神王——克洛諾斯

01 閹父吞子的恐怖大王

——農神吞噬其子

希臘神話的宇宙起源於第一代原始神族，承續於第二代泰坦神族，終結於第三代奧林帕斯神族。作為重要銜接的第二代泰坦神王克洛諾斯，他領導統治的黃金時代雖然充滿和諧，但他承先啟後的過程卻不怎麼和諧，委婉一點的說法是積極作為，直白一點的說法是慘無人道。克洛諾斯為鞏固自身王權，親手閹割父親的陽具、親口吞噬自己的骨肉，他是第一位諸神之王，也是第一位權謀至上的恐怖大王。

克洛諾斯小檔案 ✸

希臘名	克洛諾斯 (Cronus)
羅馬名	薩圖恩努斯 (Saturnus)， 或譯作薩圖恩 (Saturn)
配　偶	瑞亞 (Rhea)
神　職	農業豐收之神
聖　物	鐮刀

古希臘詩人赫西俄德(Hesiod)撰寫的《神譜》(*Theogony*)，是最早系統性記敘宇宙起源和諸神譜系的重要書籍。赫西俄德描述希臘神話世界起源於混沌空無，並將這不可狀擬的黑暗稱之為卡俄斯(Chaos)。無人知曉這種混沌狀態持續多久，直到憑空出現了大地母神蓋亞(Gaia)、大地深處的地獄塔耳塔羅斯(Tartarus)、絕對黑暗的厄瑞玻斯(Erebus)、夜之女神紐克斯(Nyx)，以及催動生命誕生的原始愛神厄洛斯(Eros)。

厄洛斯就像是行走的性費洛蒙，她強大的催生力量，刺激蓋亞開始無性生殖，自體孕育出一切萬物，包含與大地同寬的天空神烏拉諾斯(Uranus)、大水匯聚的海洋神蓬托斯(Pontus)。這群原始神祇彼此交媾，再誕生出眾多具有自然力量的男神和女神，他們被稱為第一代原始神族。

其中，厄洛斯對天空神烏拉諾斯的催情力最為驚人，烏拉諾斯精蟲衝腦性慾高漲，與蓋亞不停做愛，蓋亞因而接二連三懷了孩子，包括六男六女的泰坦神、獨眼巨人三胞胎和百臂巨人三胞胎。

天空老爸不知節制的發情，不僅全年無休還全方位零死角，緊密壓覆在大地老媽身上，上述十八個可憐孩子全被困在媽媽肚子中，無法脫離母體誕生於世。這令人窒息的愛，幾乎令大地老媽身心崩潰，她逼不得已想出一套自救計畫——首先，她和肚裡的一大票孩子連線，徵求勇者對抗這位除了幹幹啥都不幹的老爸。年紀最小但野心最大的泰坦神克洛諾斯，自告奮勇擔任媽媽的可靠小幫手。

再來，大地老媽在體內製造一把大鐮刀，將它交給克洛諾斯（她都能自行創造萬物了，製造一把大鐮刀根本一片小蛋糕）。老媽腹中的克洛諾斯接過大鐮刀，不動聲色埋伏在父母性器交合處，趁著天空老爸再次高潮的瞬間，狠狠一刀割了他勃起的命根子！

「啊咿嗚唉喔喔喔喔喔——」發出淒厲哀嚎的天空老爸，迅速脫離大地老媽，劇痛不已的他往上方逃命，能逃多遠是多遠！就在這一刻，天與地分開了，世界的空間於焉成形，原先被囚禁在大地母神體內的孩子們終於誕生於世，真是可喜可賀！

眾神在大地開心唱著生日快樂歌，但逃到天空的那位可就不開心了。烏拉諾斯恨意滿點的詛咒這群叛變者，而從烏拉諾斯陽具滴下來的鮮血，挾帶怨念滴落到大地，漸漸生出代表復仇、暴力、殺戮的神祇們，用來替代怕到不敢下凡的烏拉諾斯執行懲罰。

克洛諾斯成功推翻烏拉諾斯，順理成章成為第二代泰坦神族之王，並與同樣是泰坦神的親姊姊瑞亞結婚。克洛諾斯雖成為統治宇宙的最高王者，但他忌憚親手足獨眼巨人和百臂巨人那不可掌控的野蠻暴力，因此將巨人族全數放逐到地獄塔耳塔羅斯。巨人族才剛脫離大地又馬上被關押進地獄，當然全員不爽抗議，但成為神王的克洛諾斯力量過於強大，他們也只能在黑暗中耐心等待機會翻身。

以不尋常的手段奪取王權，注定遭遇不尋常的命運。除了天空老爸的恨念詛咒、巨人兄弟的伺機埋伏之外，克洛諾斯還收到來自大地老媽的警告：未來某一天，克洛諾斯的王權將會被親生兒子推翻。

克洛諾斯害怕極了，看得見的敵人好掌控，看不見的命運難預料。為了坐穩寶座，他也只能幫自己「絕子絕孫」了。不過，他沒有像當年對付他老爸一樣揮刀自宮，反而選擇相當獵奇的做法——每當妻子瑞亞生下嬰兒，他就直接將嫩嬰活生生吞下腹！（怎麼沒人告訴他可以選擇更簡單的避孕方式來對抗命運呢？）總之，克洛諾斯對待下一代的手段，就是生一個吃一個、生一對吃一雙，他心想：「這樣一來，宇宙大王就由我克洛諾斯永生永世把持住啦！」

克洛諾斯彷彿連環殺嬰魔的變態行徑，把王族後宮搞得像B級恐怖片。面對丈夫的連續家暴，身為母親的瑞亞再也忍不下去了，她哭啼啼尋求蓋亞和烏拉諾斯的保護。這對公婆兼父母爽快為她出謀獻策，烏拉諾斯更是在天上喜孜孜，坐等可恨小兒子克洛諾斯即將遭受到的報應。

當瑞亞產下第六個孩子宙斯時，便立刻託付蓋亞將嬰兒藏在山林祕境的洞穴中，等到克洛諾斯前來後宮討嬰兒時，瑞亞便以布巾包裹一顆大石頭，假裝是新生兒讓變態丈夫吞食。克洛諾斯大概是吞慣了，沒有感覺絲毫異常，不管不顧地將假嬰兒一口吞下肚，打個飽嗝便拍拍屁股走人。

時間順順過，躲在山林間的宙斯平安長大，出山後即刻展開一連串王子復仇記，率領支持他的眾神組成「奧林帕斯神族」，以下剋上戰勝克洛諾斯率領的「泰坦神族」，登基成為第三代奧林帕斯神族的神王。至於戰敗的克洛諾斯等一伙泰坦神，則全數下放到地獄塔耳塔羅斯，被鐵鍊鎖在不見天日的陰暗牢籠，交由百臂巨人三胞胎負責看守。（百臂巨人從地獄囚犯晉升為典獄長，還能羞辱那沒良心的親兄弟克洛諾斯，應該會興奮到發抖吧！）

希臘神話三代神族的故事，以泰坦神王克洛諾斯作為承上啟下的重要銜接。克洛諾斯閹割父親陽具的行為，源自童年遭受父親打壓生存的反擊，可悲的是，為了鞏固王權，成為父親後的他仍舊選擇剝奪下一代孩子的出生機會。重蹈覆轍的行為，使他被自己的小兒子宙斯推翻，正如他當年亦是以小兒子的身分推翻父親烏拉諾斯一樣。家族的悲劇宿命彷彿詛咒般一代代傳承下去，蓋亞的預言是絕對的，克洛諾斯無論如何努力，終究無法扭轉既定的命運（更何況他還努力錯方向，王權被兒子推翻也只是剛好而已）。

三代神族的家庭故事還有一個重要的警世寓意，那就是千錯萬錯都是爸爸的錯，絕對不要惹怒辛苦生育的媽媽，被逼到絕路的母親假如認真起來，連她們自己都會感到害怕。

羅馬神話農神：薩圖恩努斯

羅馬神話與希臘神話關聯緊密，羅馬神話從希臘神話吸收諸多故事元素，因此希臘神祇的故事，多會套用到相對應神位與職司的羅馬神祇身上。

希臘神話的克洛諾斯，對應羅馬神話的薩圖恩努斯（或譯作薩圖恩）。薩圖恩努斯是羅馬神話最古老的神祇之一，是羅馬眾神之王朱庇特（地位等同於宙斯）的父親，因此克洛諾斯吞食親兒的獵奇故事，就被加料到這位無辜受牽連的薩圖恩努斯的神話。

幸運的是，薩圖恩努斯被朱庇特推翻後，沒有被關押進地獄，而是逃到了義大利羅馬經營快樂農場，教導當地人民耕種土地，造就羅馬農業的由來，因此薩圖恩努斯也成為農業豐收之神，簡稱「農神」。

藝術主題——農神吞噬其子

無論是閹割老爸命根子的克洛諾斯，或是收割大地農作物的薩圖恩努斯，通常都以「手執鐮刀的長者」形象出現，在眾神群聚的繪畫或雕塑中具有高辨識度。單獨以他為主角的藝術品不多，但光是「吞噬其子」這段殘忍劇情，就令他長年稱霸西洋美術的恐怖殺人魔排行榜之首。欣賞藝術品時，掌握以下關鍵線索，即能辨識此藝術主題。

✦ 2個關鍵線索

(1) 主要人物：克洛諾斯，一名啃食嬰兒的老男人

(2) 識別物件：鐮刀（光看老人啃嬰兒就夠驚悚了，根本沒人在乎鐮刀）

以「農神吞噬其子」為創作主題的代表藝術品，當屬西班牙浪漫主義重要畫家哥雅的畫作，驚嚇指數破表！

哥雅畫風多變，能將貴婦肖像畫得千嬌百媚，亦能將戰爭事件畫得悲天憫人，他雖留下許多傳世之作，卻都不及〈黑色繪畫〉為後人造成的心靈衝擊。〈黑色繪畫〉為哥雅於一八二〇～一八二三年間在自宅別墅創作的壁畫作品系列，以暗沉色調和詭譎怪誕的內容聞名。〈農神吞噬其子〉為此系列最著名的作品，畫面描繪的灰髮老人正是薩圖恩努斯（等同於克洛諾斯），他肢體扭曲、凸眼裂嘴，啃食著手中身首異處血淋淋的孩童軀體。（跪求心理陰影面積……）

〈農神吞噬其子〉畫在別墅一樓餐廳的牆上，當年約莫七十五歲的哥雅深受耳聾和重病摧折，內心鬱悶可想而知，但到底是基於何等的陰暗心境，能一邊吃著晚餐，一邊看著老人吃小孩的圖像？這畫面令人細思極恐啊！哥雅對於〈黑色繪畫〉並未多做註解，因此留給後人無數的想像空間。

〈農神吞噬其子〉(*Saturn Devouring His Son*)
哥雅（Francisco Goya，1746～1828 年），繪於 1820～1823 年，藏於西班牙普拉多博物館

相較於哥雅版農神的野獸派吃法，魯本斯版農神的用餐禮儀顯得優雅許多！(果然沒有比較沒有傷害！) 土星的天文學名 "Saturn" 取自羅馬農神薩圖恩，魯本斯在夜空中特別點出三顆明星，中間星星代表土星，兩側星星則是土星的衛星，藉此以藝術呼應科學。魯本斯的畫法是根據天文學家伽利略 (Galileo Galilei，1564～1642 年) 觀察土星環的結果所得，不過現已證實這項觀察有誤，環繞土星的並非兩顆衛星，而是由不計其數的水冰顆粒和微量物質所組成的土星環。

〈農神薩圖恩〉(*Saturn*)
魯本斯（Peter Paul Rubens，1577～1640 年），繪於 1636～1638 年，藏於西班牙普拉多博物館

西洋藝術最愛說教的長輩

——時間老人柯羅諾斯

希臘神話有位原始神柯羅諾斯，因名字與泰坦神王克洛諾斯過於相近而被混淆，不好說誰沾了誰的光，但西洋藝術品若出現柯羅諾斯、克洛諾斯、薩圖恩努斯，以上三「斯」的形象通常是一個樣。

柯羅諾斯小檔案

希臘名	柯羅諾斯 (Chronos)
配　偶	阿南刻 (Ananke)
神　職	時間之神
聖　物	鐮刀、黃道帶

柯羅諾斯代表不可逆的時間，古希臘祕較之一的俄爾甫斯教（Orphism）認為宇宙根源於時間，而後產生混沌和秩序，因此將柯羅諾斯視為先於萬物的最高神祇「時間之神」。

然而，由於柯羅諾斯與克洛諾斯的名字過於相似，加上他的知名度沒有克洛諾斯來的響亮，因此很久以前就常被粗心大意的人們混淆。不僅是名字，甚至連形象也被混同，大約在文藝復興時期，時間之神柯羅諾斯、希臘泰坦神王克洛諾斯以及羅馬農神薩圖恩努斯融為同一形象，通稱為「時間老人」或「時間之父」。（即便約定成俗，還是真心希望此刻正在閱讀此段文字的你，能將他們精準區隔，時間老人指的正是時間之神柯羅諾斯。）

藝術主題——時間老人

時間老人以「手執鐮刀＋背長翅膀」的長者形象，現身於文藝復興藝術品，他就像一位愛說教的嘮叨長輩，但凡有他出現的畫面，多帶著時間流逝、真理或死亡的警示寓意，因而成為寓言畫的熱門人物。

因為他的出現，西洋藝術中的翅膀擔當角色，不再只有小愛神邱比特和基督教天使，若看到一位長翅膀的老阿北，那87％是這位時間老人柯羅諾斯。欣賞藝術品時，掌握以下人物特徵，即能辨識出這位「時間老人」。

✦ 3個人物特徵

(1) 人物形象：滿臉鬍鬚、背長翅膀的老男人

(2) 識別物件：象徵時間流逝的沙漏

(3) 專屬神器：可收割亦可閹割的大鐮刀

十七世紀法國畫家烏埃的作品〈敗給愛、希望與美的時間老人〉，描繪年邁的時間老人被圍毆的辛酸畫面。象徵美與希望的女神們以武器攻擊老人，小天使或拔或咬地撕扯老人的翅膀，所有角色都神情愉悅的毆打這位時間老人；老人家狼狽跌倒在地，連招牌鐮刀也被丟棄，只能無助的緊握沙漏。

畫家想表現的不是老人被霸凌的現場，而是傳達生命有限，唯有愛與希望才能克服時間易逝的哀傷。時間老人就是這樣一位充滿長者智慧的角色，無論是他揍人或是他被揍的畫面，都充滿各種隨人解讀的深刻涵義啊！

〈敗給愛、希望與美的時間老人〉(*Father Time Overcome by Love, Hope and Beauty*)
烏埃（Simon Vouet，1590～1649 年），繪於 1627 年，藏於西班牙普拉多博物館

㊤〈柯羅諾斯〉(*Chronos*)
羅馬內利（Giovanni Francesco Romanelli，1610～1662 年）
繪於十七世紀下半葉，藏於波蘭華沙國家博物館

㊧〈農神薩圖恩努斯〉(*Saturnus*)
萊塞斯（Gerard de Lairesse，1641～1711 年）
繪於 1665～1685 年，藏於荷蘭阿姆斯特丹博物館

克洛諾斯和薩圖恩努斯因和柯羅諾斯混淆，誤打誤撞被賦予時間之神的屬性，多虧這場美麗的錯誤，才稍微洗白了狂啃幼童的變態殺嬰魔印象。

Chapter

2

奧林帕斯神王——宙斯

Zeus

正義又濫情的眾神之王

——神王的藝術形象

奧林帕斯神王宙斯是全宇宙最高統治者，形象威嚴尊貴，行事公平正義。然而，史詩與歌謠卻流傳許多關於宙斯的獵豔故事，以致一般大眾對他的印象多是亂搞婚外情的渣男代表，原本塑造的王者形象徹底崩壞，讓人不禁好奇，這種表裡不一的反差人設究竟從何而來呢？

宙斯小檔案 ✷

希臘名	宙斯 (Zeus)
羅馬名	朱庇特 (Jupiter)
配　偶	赫拉 (Hera)
神　職	天空神、正義之神，統治宇宙的神王
聖　物	老鷹、閃電和雷霆

宙斯的出生伴隨著某種意義上的死亡，他的父親泰坦神王克洛諾斯收到大地母神蓋亞的預言警告，害怕被自己的孩子推翻，因而將親兒吞食入腹，藉此鞏固永生永世的王權。早在宙斯出生前，他的親手足狄蜜特（Demeter）、赫拉、赫斯提亞（Hestia）、黑帝斯、波賽頓剛誕生於世，即被殘忍暴食的父親一口吞下，連啼哭的機會都沒有。

宙斯的母親泰坦神瑞亞悲痛欲絕，決定化被動為主動，當她生下第六名孩子宙斯後，火速將嫩嬰宙斯託付給蓋亞，急件快遞到克里特島的伊達山（Mount Ida），藏匿在一處祕密山洞裡，直到宙斯平安登大人。

如今的宙斯已經壯大到足以抗衡克洛諾斯了，而宙斯出山的日子，就是宣戰的日子，他誓言要克洛諾斯付出慘痛代價！眾神之中，機智的大洋女神墨提斯（Metis）率先前來相助，她誘騙克洛諾斯喝下一種催吐劑，迫使這位大胃王將之前吞下的孩子們全吐出來。宙斯的兄姊們重返世界，各個摩拳擦掌準備要暴打可惡的老爸。（幸虧當年克洛諾斯沒耐心咀嚼，宙斯的哥哥姊姊不僅四肢健全，還頭好壯壯長大成神！）

宙斯以奧林帕斯山為大本營，率領兄姊們組成「奧林帕斯神族」；克洛諾斯則以奧特修斯山為大本營，帶領同輩的「泰坦神族」力抗來勢洶洶的挑戰者。兩代神祇為爭奪新世界統治權，你來我往殺得難分難解，激烈鬥爭彷彿沒有盡頭。

為了獲取更強大的武裝力量，宙斯釋放了當年被克洛諾斯關押在地獄的獨眼巨人三胞胎和百臂巨人三胞胎。巨人族一直潛伏在暗黑深處，耐心等待復仇的機會，他們同意歸順宙斯，換取離開地獄的門票。擅長製造兵器的獨眼巨人，為這位新主打造了閃電和雷霆，作為擊殺敵人的無敵武器（獨眼巨人就像神話中的官方軍武製造商）；擁有一百隻手臂和五十顆頭顱的百臂巨人，具備核爆等級的戰鬥力，因而成為左右戰爭勝敗的關鍵。奧林帕斯神族在巨人族的武力應援下，最終以下剋上戰勝第二代泰坦神族，終結了漫長的天界大戰。

弭平戰亂後，宙斯提議由他本人、黑帝斯與波賽頓三兄弟，抽籤分配新世界的統治領域。宙斯抽中天空，成為全宇宙最高統治者的天空神（雖然沒有證據，但我強烈懷疑他作弊）；波賽頓抽中海洋，成為統領汪洋大海的海王；籤運最差的黑帝斯抽中冥界，成為令人聞風喪膽的冥王。

宙斯登基為至高無上的新任天空神，連他在內共十二位地位崇高的神祇，將永恆居住在神聖光明的奧林帕斯山。他以最公平的獎賞制度，分配同陣營神祇應有的榮耀與權力；以最無情的裁判處分，懲罰敵對陣營的泰坦神族，將象徵混亂與暴力的神靈如丟垃圾般，全扔進塔耳塔羅斯地獄掩埋場。

奧林帕斯神王宙斯戰勝泰坦神王克洛諾斯，不只是世代王權的轉移，更是世界秩序的改造——宙斯把舊世界砍掉重練，重新建立理性的公平制度，新世界不再圍繞中央王權，更仰賴穩定秩序才得以運行。因此，宙斯不單作為天空之神，同時擔任秩序與正義之神，這代表在他重建的新世界中，「王權」與「秩序」相輔相成缺一不可。於是，宇宙在他的統治下步入正軌，從而開創永恆不滅的神話。

藝術主題——神王的藝術形象

希臘神話的宙斯，對應羅馬神話的朱庇特。宙斯是神話故事的一線大咖，出現在藝術品的他無論是否站C位，都散發不可忽視的明星光環。欣賞藝術品時，掌握以下人物特徵，即能辨識出這位「眾神之王」。

✦ 4個人物特徵

(1) 人物形象：精心梳理的濃密頭髮與鬍鬚，身披貴氣紅袍並露出結實胸肌的穿搭風格

(2) 識別物件：各種彰顯我是大王的配件，例如王冠、王座、權杖

(3) 必備萌寵：大老鷹

(4) 專屬神器：雷霆和閃電，此乃獨眼巨人匠心打造的御用兵器

⊕ 雄赳赳大老鷹是神王的聖鳥，基本上有老鷹的地方就有宙斯。（他偶爾也會變身成老鷹強搶民男民女）

〈朱庇特登基〉*(Jupiter Enthroned)*
富格（Heinrich Füger，1751～1818 年），繪於十八世紀晚期，藏於匈牙利布達佩斯美術博物館

⊖ 此畫看起來雖像是女神正在取悅神王，但其實是海洋女神請求宙斯保護她在戰場上的兒子阿基里斯，是一幅偉大母親下跪的辛酸畫面。（善妒的天后赫拉還在一旁盯場，你有注意到嗎？）

〈朱庇特和海洋女神忒提斯〉*(Jupiter and Thetis)*
安格爾（Jean Auguste Dominique Ingres，1780～1867 年），繪於 1811 年，藏於法國格拉內博物館

宙斯濫情史之為愛大變身

——歐羅巴的掠奪／麗達與天鵝／被劫持的蓋尼米德

宙斯登基為奧林帕斯神王後，娶親姊姊赫拉為妻，並公開承認她的天后地位。奇怪的是，史詩與歌謠卻流傳許多宙斯追求天界女神和凡間女子，然後大老婆赫拉追在後面痛打小三的八卦故事。宙斯公開執掌政事時，明明是人神敬畏的「諸神之王」；私下獵豔把妹時，卻變身人神嫌棄的「豬神之王」。本應是最神聖不可侵犯的王者，為何頻繁出現亂搞男女關係的荒唐行徑呢？

據學者解釋，比較可能的說法之一是，當古希臘人的主流信仰奧林帕斯教傳入某座新城鎮後，會以宙斯取代當地原有信仰的主神，原地方主神的配偶也隨之轉嫁給宙斯，因此原本主神婚配故事裡的男主角改由宙斯擔任，才導致他在每個城市都有情人，堪稱是花心大蘿蔔的狀況出現。（宙斯：「你們人類亂點鴛鴦譜害我臭名遠播……」）

宙斯一邊忙著統管宇宙秩序，一邊忙著經營男女關係，還要隨時提防嫉妒心超重的赫拉，堪稱神級時間管理大師。無論如何，八卦大眾就愛王室腥聞，口味越重傳播越眾，看著宙斯為了誘拐美女或掩飾偷情，一次次精心鋪梗設計、化身變形不同動物（他都可以自己開一人動物園了），雖然很想正手反手甩他幾巴掌，但有時也不禁為他豐富的想像力拍拍手。本篇分享三則宙斯為愛大變身的濫情案件，不僅被文學家大書特書，還被藝術家大畫特畫！

濫情案件1：歐羅巴公主的跨海綁架案

一個春日黎明，腓尼基國王阿戈諾爾（Agenor）的小公主歐羅巴（Europa）做了場奇怪的夢——夢中兩位女人激烈爭執，其中一位女人宣稱她生了歐羅巴，所以歐羅巴歸她所有；另一位女人則堅稱宙斯會把歐羅巴送給她，二女為此爭論不休。歐羅巴被怪夢驚醒，整個人心煩意亂，於是邀請閨密們手牽手一同去郊遊，到海邊那片繁花盛開的草原遊玩散心。

此時的宙斯正在奧林帕斯山瞭望凡間，這是他的職責，也是他的興趣。突然間，他看到一幅人間美景——一群青春美少女在草原採花，其中最粉嫩欲滴的正是歐羅巴公主。宙斯盯著歐羅巴的美麗身影，決定化身採花大盜，下凡摘採她這朵含苞待放的小花。

為了自然地接近歐羅巴，宙斯將自己變形成一頭漂亮的白色公牛，假悠哉真刻意的晃到海邊吃草。少女們立刻發現這頭公牛，紛紛好奇地圍了過去，公牛踱步到歐羅巴腳邊蹲下，表現出溫馴可愛的萌樣，企圖卸下歐羅巴的心防。這頭公牛雪白無瑕、牛角溫潤發光，歐羅巴撫摸公牛寬闊的背，笑鬧著跨上了牛背。

說時遲那時快，載著歐羅巴的公牛突然站起來，在少女們的驚呼聲中，以頂級超跑三秒加速百里的速度直衝大海，踏著海面浪花奔跑起來。歐羅巴害怕地緊握牛角，她不是傻瓜，她知道普通公牛不可能有這般輕功水上飄的神力，只能哽咽請求公牛不要傷害她。

公牛宙斯載著歐羅巴跨越海洋，來到他出生的希臘克里特島，他褪去公牛形體表明身分，向歐羅巴敘說他的濃情愛意，並死纏爛打地向歐羅巴求歡，做盡所有他想對歐羅巴做的事後，就這麼將她安置在克里特島，再也沒有讓她回去故鄉腓尼基王國。

歐羅巴在克里特島為宙斯生下三個兒子：拉達曼迪斯 (Rhadamanthus)、米諾斯 (Minos)、薩爾珀冬 (Sarpedon)，最後由米諾斯繼任成為克里特島國王。

歐洲與金牛座的由來

本起公牛跨海綁架案深深影響歐洲文化，成為「歐洲名稱」和「金牛座」的由來。

綁架案肉票歐羅巴公主，出生於西亞地區的腓尼基王國，位置大概在今日的黎巴嫩和敘利亞附近；故事最後她定居於南歐地區的克里特島，為希臘的第一大島。歐羅巴遭強制綁架的結局，應驗她夢境中兩位女人的紛爭：宣稱歐羅巴由她所生的女人，代表歐羅巴出生的亞洲大陸；堅稱宙斯會把歐羅巴送給她的女人，則預示歐羅巴會從亞洲被擄到外地的遭遇。宙斯把歐羅巴擄到克里特島後，當時尚未起名的大陸，便以「歐羅巴 (Europa)」之名命名為「歐洲 (Europe)」，因此歐洲名稱的由來，可說是歐羅巴因為宙斯的愛而名留大地。

宙斯將歐羅巴擄拐到歐洲後，得意洋洋將自己變形成的公牛，送上星空變成「金牛座」以紀念此事。金牛座的星圖通常只畫出公牛上半身，因為公牛下半身泡在海中看不見。（專業天文學家的嚴謹度實在令人敬佩！）

義大利超跑藍寶堅尼那有名的公牛標誌，據聞由創始人費魯吉歐．藍寶堅尼(Ferruccio Lamborghini)發想設計，靈感正取自他自己的星座「金牛座」，可見他應該相當崇拜宙斯的奔牛之姿吧！但其他金牛座的朋友，希望你知道自己的星座由來不要太難過，因為大部分的星座由來都挺瞎，例如下文兩起案件的雙子座和水瓶座，同樣是宙斯為愛大變身的不得體例子。

藝術主題——歐羅巴的掠奪

這則神話故事轉化成藝術形式，標題多命名為“The Rape of Europa”、“The Abduction of Europa”，意即「歐羅巴的掠奪」，聚焦歐羅巴被公牛載走的瞬間場景。欣賞藝術品時，掌握以下關鍵線索，即能辨識此藝術主題。

✦ 3個關鍵線索

(1) 主要動物：長角的白牛，少數作品為協調畫面配色會變成棕牛或乳牛

(2) 主要人物：歐羅巴公主，一名坐在公牛背上的倒楣女孩

(3) 畫面場景：海洋或岸邊場景

文藝復興威尼斯畫派代表畫家提香的名作〈歐羅巴的掠奪〉，以對角線構圖，將載著歐羅巴的白牛擠至畫面右下角，高速奔馳彷彿即將衝出畫面，與相對空曠的畫面左上角形成對比。整幅畫作雖未描繪性暴力，但歐羅巴張開雙腿的掙扎姿勢，以及被公牛拖走的恐懼表情，卻暗示她將要被奪走貞操的危機。

〈歐羅巴的掠奪〉是西班牙王子菲利普二世（**Philip II of Spain**，一五二七～一五九八年）委託提香所創作的〈詩篇〉(*Poesie*)系列作品之一，當時是西班牙的重要國寶。然而，此畫於二十世紀被美國富豪嘉納夫人買下，現館藏於美國波士頓的伊莎貝拉嘉納藝術博物館，所以這場藝術品交易又被藝評家戲稱為「名副其實的歐羅巴的掠奪」，不過這次地點改從歐洲到美洲。

〈歐羅巴的掠奪〉(*The Rape of Europa*)
提香（Titian，1490～1576 年）
繪於 1559～1562 年，藏於美國伊莎貝拉嘉納藝術博物館

➔ 林布蘭的重點不在公牛與歐羅巴，而是運用明暗光影，將畫面重心放在歐羅巴與岸邊同伴的求救互動，算是少見的表現方式。

〈歐羅巴的掠奪〉(*The Abduction of Europa*)
林布蘭（Rembrandt，1606～1669 年），繪於 1632 年，藏於美國蓋帝中心

← 魯斯蒂奇的錫釉陶土浮雕是件大膽的作品，公牛宙斯顯然已進入發情期，冰冷海水也澆不熄他的慾火，居然轉身舔了歐羅巴的酥胸。

〈歐羅巴的掠奪〉(*The Rape of Europa*)
魯斯蒂奇（Giovanni Francesco Rustici，1474～1554 年），創作於 1495 年，藏於英國維多利亞與艾伯特博物館
(wikipedia, art_traveler, CC BY-SA 2.0)

濫情案件2：麗達王后的跨物種不倫案

希臘斯巴達國王廷達俄斯 (Tyndareus) 的王后麗達 (Leda)，天生王族貴氣逼人，豔名遠播到奧林帕斯山大王宙斯耳中，當然有必要下凡親自驗收。為了接近麗達王后，宙斯這次也打算自導自演一齣精彩戲碼……。

某天午後，麗達王后漫步森林小徑，突然聽到附近草叢傳來天鵝的呼叫聲。一隻潔白天鵝遭到巨大老鷹襲擊，在林間到處躲避亂竄，天鵝見麗達靠近關心，便可憐兮兮地躲到麗達懷中尋求庇護。善良的麗達趕走巨鷹，並溫柔安撫懷中的天鵝，這隻天鵝既高貴又優雅，彷彿有靈性地親啄麗達以表救命之恩。然而，接下來事情發展越來越歪，天鵝親著親著竟然開始磨蹭麗達，百般挑逗勾引她的慾望。

原來，這隻色天鵝正是宙斯變形而成，他和自己的聖鳥老鷹套招，上演一齣落難天鵝求歡記。宙斯絕對是史上扮演天鵝最成功的演員，他的精湛演技不僅獲得麗達的同情，最後甚至以天鵝型態和麗達做愛，在皇家森林發生一場離奇的跨物種交流。（不管麗達嗑了什麼都不要給我。）

當天晚上，不知情的廷達俄斯國王來找麗達恩愛，麗達什麼也不敢說，就當下午發生的事是場詭異春夢。但不久之後，更詭異的事發生了，麗達竟然生下兩枚鵝蛋，每顆蛋還孵化出兩個孩子，他們是雙胞胎兄弟波魯克斯 (Pollux) 和卡斯托 (Castor)、雙胞胎姊妹海倫 (Helen) 和克呂泰涅斯特拉 (Clytemnestra)。

四胞胎正是那奇妙一天的結晶，波魯克斯和海倫為神王宙斯的孩子，是半神半人的種族；卡斯托和克呂泰涅斯特拉則是廷達俄斯國王的孩子，屬凡人種族。繼承宙斯與麗達優良基因的海倫，被稱為「世上第一美女」，希臘和特洛伊為了爭奪她，引發壯烈的特洛伊戰爭。順道一提，希臘聯軍統帥邁錫尼國王阿伽門農 (Agamemnon) 的妻子，正是海倫的雙胞胎姊妹克呂泰涅斯特拉，野心勃勃的她為了和情夫一同統治邁錫尼王國，在阿伽門農征戰回國後，與情夫聯手謀殺了可憐的阿伽門農。

雙子座與天鵝座的由來

不清楚海倫和克呂泰涅斯特拉這對雙胞胎姊妹的感情如何，但另一對雙胞胎波魯克斯和卡斯托的兄弟情誼，倒是令人非常羨慕。

雙胞胎兄弟闖蕩江湖，報名參加過多次英雄冒險，但凡人種族的卡斯托因和人結怨，不幸被殺身亡。半神種族的波魯克斯傷心欲絕，向宙斯爸爸表明願意放棄自己的不死之身，以換取到地獄陪伴卡斯托的機會。

宙斯向來和親兄弟海王波賽頓針鋒相對，因此被波魯克斯的兄弟堅情打動，答應他和卡斯托分享永生，允許他們一半時間居住在地獄、一半時間居住在天界，讓兄弟倆永遠陪伴彼此。宙斯滿意地點點頭，在璀璨星空點出雙子座，以紀念這對兄弟的深厚感情，順便再點出天鵝座，紀念他誘拐麗達王后那出色的天鵝演技。

藝術主題——麗達與天鵝

這則神話故事轉化成藝術形式，標題多命名為“Leda and the Swan”、“Leda and the Egg”，意即「麗達與天鵝」，描繪宙斯以天鵝之姿與麗達王后肉體勾纏的情慾場景，是文藝復興時期的流行主題。欣賞藝術品時，掌握以下關鍵線索，即能辨識此藝術主題。

✦ 3個關鍵線索

(1) 主要動物：白天鵝

(2) 主要人物：麗達王后，與白天鵝親密互動的裸體女人

(3) 輔助物件：蛋殼

文藝復興的天才藝術大師達文西曾以「麗達與天鵝」為研究主題進行多款創作，雖然原作已遭丟失，但其中一種構圖「S型站姿的麗達擁抱S型脖頸的天鵝」被許多藝術家臨摹繪製，因此留下許多複製品。

麗達腳邊繪有從兩顆鵝蛋破殼而出的四胞胎，他們一半神子一半人子，麗達親密地摟著天鵝，彷彿在說：「我的老天鵝，你看看我們的寶貝鵝！」若不清楚畫中描繪的故事，可能會誤以為是某種驚世駭俗的人鳥戀混種物語。（還好我們都認識這則神話了，但即便如此依然驚世駭俗！）

〈麗達與天鵝〉(*Leda and the Swan*)
梅爾茲（Francesco Melzi，？～1570 年）
繪於 1508～1515 年，藏於義大利烏菲茲美術館

➔ 達文西留下供後人模仿的構圖，同為文藝復興三傑的米開朗基羅，同樣也創作過供後人臨摹的「麗達與天鵝」經典構圖。米開朗基羅的原作現已不在，但可由魯本斯當年臨摹的畫作看到更加情色、更為害羞的人鳥戀。

〈麗達與天鵝〉(*Leda and the Swan*)
魯本斯（Peter Paul Rubens，1577～1640 年），繪於 1601 年，藏於美國休士頓美術館

← 塞尚筆下的天鵝咬住了麗達的玉手，表現出對她的占有欲。塞尚少以神話故事和性感裸女為創作主題，故此畫在其作品中顯得不同尋常。

〈麗達與天鵝〉(*Leda and the Swan*)
塞尚（Paul Cézanne，1839～1906 年），繪於 1880～1882 年，藏於美國巴恩斯基金會

濫情案件3：蓋尼米德王子的誘拐少年失蹤案

特洛伊國王特羅斯（Tros）的小王子蓋尼米德（Ganymede），自小純真可愛，就連偉大的荷馬史詩《伊利亞德》（*Iliad*）都如此描述他：「像神一樣的蓋尼米德，凡人種族中最可愛之人」，完全就是「這麼可愛一定是男孩子」元祖示範，而他的超高顏值毫無意外驚豔了宙斯。

某日，蓋尼米德在特洛伊附近的伊達山牧羊，垂涎已久的宙斯看準他落單之際，變形成一隻巨大老鷹，從天而降撲向蓋尼米德，哈囉都不說一聲，鋒利鷹爪抓起慌亂少年直往天空飛去，就這麼一路飛回眾神居所的奧林帕斯山。（有一說是宙斯派老鷹來擄人，但依他過往強擄妹子的案例，他似乎偏好變形成不同型態來增加獵豔刺激感。）

被擄拐到天界的蓋尼米德驚魂未定，但很快就被宙斯的花言巧語洗腦，成為宙斯的情人。宙斯為了讓可愛小情夫長伴左右，不僅賜予他永恆不朽的青春，為了鞏固他在神界的地位，還隨便編派理由，資遣原本的天界斟酒官青春女神赫柏（Hebe），改任命蓋尼米德為新任斟酒官，在神殿宴會中為諸神斟上美酒佳釀。

特羅斯國王發現寶貝兒子失蹤後傷痛不已，宙斯為了安慰這位人間岳父，特別派遣信使荷米斯到特洛伊，贈予國王黃金葡萄樹藤蔓作為撫慰金，告訴國王他的兒子蓋尼米德已在天界成為諸神斟酒官，獲得至高無上的榮耀！（恐怖白話翻譯：「你兒子在天王老子宙斯的恩寵下，將永遠陪睡又陪酒！」）

承蒙聖寵的新任斟酒官蓋尼米德，輕盈穿梭在宴席間，為眾神斟滿一杯又一杯的瓊漿玉飲，輪到宙斯時，蓋尼米德甚至會先將酒杯斟滿酒，然後輕輕吻一下杯緣，才把酒杯遞到宙斯手中。（這種賣曖昧的高招，根本就是酒店的專業媽媽桑！）

觥籌交錯的皇家宴席上，天后赫拉看在眼裡恨在心裡，隨時要用眼神殺死這對姦夫淫夫，丈夫當面和情人眉目傳情不說，被革職的前任斟酒官青春女神赫柏，還是她和宙斯的親生女兒呢！至於宙斯，雖然坐在王座享受蓋尼米德的侍酒調情，但同時感受隔壁后座傳來的冷冽殺意，逼得宙斯如坐針氈連酒都變酸了，他冷靜思考：該如何保護心肝寶貝免受赫拉的迫害呢？最後，宙斯將蓋尼米德升上星空化作星座，確保他平安留在天界，永遠笑著為眾神斟上一杯美酒。

水瓶座與天鷹座的由來

本起誘拐少年失蹤案的受害者蓋尼米德，神職為手持酒瓶的斟酒官，所以專屬他的星座就是寶瓶座（也就是通稱的水瓶座）。同樣的，宙斯成功擄走蓋尼米德後，將自己變形成的巨鷹化作天鷹座，送上星空留下燦爛的罪狀。

歷任被宙斯染指的女神和女子，幾乎都淪為未婚懷孕的悲慘下場，唯獨蓋尼米德是個獨特案例，一是他是唯一被授予永生的凡人，二是他是宙斯唯一的男性情人。

神話傳說往往反映了古代文化，如果古希臘主流宗教的主神被匹配同性情人，那代表當時社會風氣在某種程度上是接納男同性戀的，更甚來說，歐洲歷史上男同性戀文化的發展巔峰正是在古希臘時期。要注意的是，古希臘盛行的男同性戀並非指成年男子間的愛情，而是年長男子與少年間的「少年愛」，雙方除了感情，還有社會意義——年長男子將知識與技能傾囊相授給少年，而少年則以青春肉體回報，一旦少年長大成年，這段關係即會停止。

宙斯與蓋尼米德的關係，被認為是古希臘少年愛的開端，比起對女性的單純情慾，宙斯對蓋尼米德更多了社會教育，因而在宙斯濫情史中獨受專寵。（宙斯為了留住蓋尼米德，將他永遠定格在長不大的青春期少年，想想也是挺變態的！）

藝術主題——被劫持的蓋尼米德

這則神話故事轉化成藝術形式，標題多命名為"The Rape of Ganymede"、"The Abduction of Ganymede"，意即「被劫持的蓋尼米德」，畫面聚焦在蓋尼米德被老鷹抓走的瞬間場景。

古籍雖未具體指出蓋尼米德的年紀，但他多以年輕漂亮的男孩形象出現，因此在不同時代的藝術品中，蓋尼米德的外型會隨當時的審美觀而變，例如在古希臘和古羅馬時代，他是肌肉健美的年輕人；文藝復興時期，他是粉嫩軟萌的小正太；到了近代畫風，他則轉成為中性蒼白的美少年。

無論男孩怎麼變化，「被劫持的蓋尼米德」這對男孩加雄鷹的組合，可不是什麼迪士尼英雄成長片，而是在藝術和文學中象徵著同性戀，乃至於戀童癖主題。欣賞藝術品時，掌握以下關鍵線索，即能辨識此藝術主題。

✦ 4個關鍵線索

(1) 主要動物：老鷹

(2) 主要人物：蓋尼米德，被老鷹捉住的男孩

(3) 畫面場景：山林至雲間，視老鷹帶他飛到哪個高度而定

(4) 輔助元素：酒杯或葡萄枝，象徵蓋尼米德的斟酒官身分

文藝復興義大利畫家科雷吉歐畫筆下的蓋尼米德，正是一枚粉嫩軟萌的小正太，他遭巨鷹獵捕卻全無恐懼掙扎，雙手反倒主動攀附巨鷹，眼神無辜的回望著觀畫者。男孩曖昧不明的動作和眼神，令人不禁往戀童癖的方向聯想。

〈被劫持的蓋尼米德〉是科雷吉歐〈朱庇特情事〉(*Amori di Giove*) 系列畫作的其中一幅圖，另一幅圖描繪變形成雲霧的宙斯糾纏美女的畫面。〈朱庇特情事〉由岡薩加公爵（Duke Federico II Gonzaga，一五〇〇～一五四〇年）出資訂購，贈送給神聖羅馬皇帝查理五世（Charles V，一五〇〇～一五五八年）作為私人收藏。私人訂畫目的千百種，例如居家裝飾、祝賀贈禮，私下意淫也是其一，公爵將這組眾神之王宙斯誘拐美少男少女的畫作，獻給至高權力的人間君王，這中間含意你懂我懂，應該就不必多言了。

⊖〈被劫持的蓋尼米德〉(*The Abduction of Ganymede*)
科雷吉歐（Antonio da Correggio，1489～1534 年），繪於 1531～1532 年，藏於奧地利維也納藝術史博物館

林布蘭畫筆下的蓋尼米德是尚無自理能力的小嫩嬰，明顯和故事所述「在山中牧羊」的年齡差距甚大，在此藝術主題中被認為是最奇怪的畫作。（仔細看，可憐的小寶寶還被嚇到噴尿了！）

〈被劫持的蓋尼米德〉(*The Abduction of Ganymede*)
林布蘭（Rembrandt，1606～1669 年），繪於 1635 年，藏於德國德勒斯登國家藝術收藏館

蓋尼米德從青春女神赫柏和侍女手中接下金色酒杯，接替她斟酒官的職位。畫面左上方可見眾神正在開趴，等待新任斟酒官為他們倒酒。

〈蓋尼米德從赫柏手中接過金樽〉(*Ganymede Receives the Bowl from Hebe*)
魯本斯（Peter Paul Rubens，1577～1640 年），繪於 1611～1612 年，藏於奧地利施瓦岑貝格宮

Chapter

3

奧林帕斯天后——赫拉

Hera

01 捍衛婚姻的大老婆反擊

——天后的藝術形象

赫拉小檔案

希臘名	赫拉 (Hera)
羅馬名	朱諾 (Juno)
配　偶	宙斯 (Zeus)
神　職	婚姻、婦女和生育的守護女神
聖　物	孔雀、母牛、石榴、聖母百合

眾神之王是宙斯，眾神之后則是赫拉，她是希臘神話地位及權力最高的女神。作為「天下第一大老婆」的赫拉，是一夫一妻婚姻制的捍衛者，偏偏老公宙斯是個劈腿慣犯，總惹得她妒火中燒，害她留下許多手撕小三的黑歷史，因而被塑造成超級大醋桶的形象。其實，看著她的愛情，也是看著一位愛情受害者的心痛……。

端坐奧林帕斯山后座的赫拉，雍容華貴豔壓群芳，她是泰坦神王克洛諾斯與泰坦神瑞亞的女兒，曾遭父親吞食入腹，被親弟弟宙斯拯救而重新誕生於世，並成為宙斯公開承認的唯一正宮。

宙斯親自為赫拉加冕黃金后冠，允諾和她分享至高無上的權力，任憑她使用他的專屬神器雷霆，使天空雷電交加，或令狂風暴雨止息。從未有任何一位女神享有這般王賜，因此「赫拉」之名在古希臘語有「貴婦人」、「女主人」之意。宙斯封她為后，眾神自然敬重她，赫拉無論到哪都受到眾神高規格禮遇，就算偶爾和其他神祇爆發衝突，也多是由她單方面輾壓其他神祇。

赫拉視輔佐宙斯為榮耀，以忠貞的愛情回報他。赫拉重視婚姻，是一夫一妻婚姻制的捍衛者，絕不允許另一半不忠，偏偏宙斯婚前婚後都是個劈腿慣犯，私人興趣是拈花惹草兼播種，辛勤管理他的情慾後花園。天王天后本應共同穩定世界秩序，然而宙斯在公開場合尊重赫拉，卻在婚姻關係裡一再踩她的地雷。

面對老公時不時誘拐美女或掩飾偷情的背叛行徑，赫拉除了對他施加精神壓力，基本上也無可奈何，但痛心、嫉妒、怨懟各種深愛過才懂得的情感，將她燒得不辨是非，她將黑洞負能量轉而發洩在宙斯的婚外情對象和私生子女身上，不問對方是自願或被迫，一律先往死裡整！

由於種種失控抓狂行為，赫拉被塑造成超級大醋桶的悍妻形象，但她堅守個人價值觀，感情方面零容忍，反而被視作婚姻與生育之神，守護著婦女的婚姻和家庭。基本上，只要赫拉不追著小三打，這位天下第一大老婆可說是溫良恭儉讓的母儀天下代表，受到廣大女性同胞的供奉膜拜，果真是當之無愧的奧林帕斯女主人！

綜觀宙斯濫情史，乃至整個希臘羅馬神話的愛情故事，像赫拉一般勇敢捍衛自己感情和婚姻的女性角色實屬罕見，雖然反應過激的赫拉常常把宙斯搞得灰頭土臉，但不可否認唯有她制得住他。赫拉之於希臘神話的意義，在於為宇宙頂點的天王，匹配一位能稍微壓制他的天后，此種角色設定的目的，使得天神威能不致擴張成無法掌控的程度——眾神固然是人類最完美的樣貌，但並非高不可攀到無法碰觸的神聖境地。

除此之外，赫拉痛打宙斯小三令他難堪的戲碼，古希臘人一點都不覺得不妥，大概正如我們樂見外遇者遭受嚴厲譴責，同樣有大快人心的感覺吧！希臘神話反映人類真實感受的特色，以及眾神完美形象下的人性刻畫，均來自於「自我理性的覺醒」。當古希臘人脫離對原始神靈的蒙昧崇拜，建構出自成體系的神話世界觀，正代表人類自我價值的提升，而這種面視自我的理性，是古希臘人留給後代思想的重要寶藏，也是現代文明的誕生關鍵。

藝術主題——天后的藝術形象

希臘神話的赫拉，對應羅馬神話的朱諾。荷馬史詩讚美她是「金座女神赫拉」、「白臂女神赫拉」以及「牛眼睛的天國王后」，形容端坐奧林帕斯山后座的赫拉，臂膀如百合般潔白，明眸能洞察萬事萬物。欣賞藝術品時，掌握以下人物特徵，即能辨識出這位「大老婆天后」。

✦ 2個人物特徵

(1) 識別穿搭：頭戴王冠，偶爾手握權杖的貴氣婦人

(2) 必備萌寵：孔雀

⬆〈天后朱諾〉(*Juno*)
杜布瓦（Jacques Louis Dubois，1768～1843 年），繪於十九世紀，藏於羅浮宮

華麗孔雀是天后的聖鳥，「孔雀＋美婦」的組合有 87% 是在描繪赫拉，辨識度極高！

⬅〈天后朱諾〉(*Juno*)
林布蘭（Rembrandt，1606～1669 年），繪於 1662～1665 年，藏於美國漢默美術館

雕像右手握的殘跡可依稀辨認出權杖的樣貌，加上頭戴指標性冠冕，可判斷是天后赫拉。

〈天后赫拉〉(*Hera*)
創作者不詳，創作於西元二世紀，藏於法國羅浮宮

奧林帕斯山的王室愛情

——神王與天后

宙斯的情人不計其數，以宙斯後宮史順位來說，赫拉其實是他的第七位妻子。不過，赫拉是單一配偶制的捍衛者，宙斯是開放性關係的擁護者，夫婦倆的感情觀差異如此巨大，赫拉又是如何從宙斯數不清的情人中逆轉上位，成為奧林帕斯山的唯一天后呢？

說起宙斯向赫拉求愛的故事，坊間有不少鄉野傳說，但最有名的說法，得回到那個風雨交加的日子……。

天界大戰結束，宙斯登基為諸神之王後，赫拉便隱居山林不問世事。一個下貓下狗的雨天，林間飛來一隻小鳥，牠禁不住暴雨吹打，瑟瑟發抖地鑽進了赫拉懷裡。濕淋淋的鳥兒喚起赫拉的憐愛，她讓小鳥窩在她溫暖柔軟的胸脯取暖，一神一鳥躲在山洞聽著雨聲，靜靜等待雨過天晴。風雨過後，赫拉懷中的小鳥立刻現形成宙斯，向赫拉吐露他的真摯愛情，原來他一直對親姊姊赫拉思念不已，發誓一定要娶她為妻。

不過，赫拉接受宙斯愛意後，並沒有即刻入主天后大位。赫拉與宙斯交往不久，便發現這個口口聲聲說要娶她的帥氣男神，根本是個劈腿偷吃的低級渣男！這種感情衝擊加上信任崩裂，逼得原本溫柔文靜的少女赫拉，漸漸黑化成多疑善妒的女王赫拉。

當她再度面對宙斯外遇的不堪打擊，妒火中燒的赫拉忍無可忍不想再忍，密謀智慧女神雅典娜（雖是宙斯女兒但更愛赫拉）、海王波賽頓（長期肖想宙斯神王寶座）、太陽神阿波羅（各種恩怨來插花報仇），趁宙斯熟睡時，一擁而上將他牢牢捆綁，企圖聯合推翻宙斯的政權。

各懷鬼胎的眾神也是蠢，開心綁完宙斯後，忽然想到該由誰來繼承王位呢？四位大神分贓不成竟開始爭論不休，隨手把宙斯晾在一旁看戲。海洋女神忒提斯 (Thetis) 見他們吵到快要打起來時，趁虛而入鬆綁宙斯，結束這齣蠢到令人翻三次白眼的鬧劇。

由於赫拉是篡位奪權事件的主謀，宙斯便用金銬把她吊在空中以示懲戒，她姑奶奶哭得昏天暗地哀爸叫母，哭到眾神於心不忍，宙斯這才開始檢討自己的出軌行為，最後心懷愧疚地釋放赫拉，並當場宣布晉升赫拉為他的正妻，入主奧林帕斯天后大位。（宙斯 OS：赫拉姊姊這麼有膽量，一定能和我共同肩負統治宇宙的重責大任！）

宙斯與赫拉在克里特島伊達山舉行神聖婚禮，眾神普天同慶，他們的祖母大地母神蓋亞，還送給赫拉一棵金蘋果樹作為賀禮。赫拉非常寶貝這棵金蘋果樹，將樹種在極西方，由仙女姊妹赫斯珀里德斯 (Hesperides) 和百頭巨龍拉頓 (Ladon) 共同守護。

大抵而言，神王天后的婚姻生活還算甜蜜和諧，當他們和平相處時，天空就會風和日麗；但當他們爭執不休時，天空就會烏雲密布。他們共同孕育的子女，被大多數文獻承認的主要有三位，奇怪的是，擁有他倆最強基因的二代神祇，卻沒有太多出彩的表現——戰神阿瑞斯（明明是戰神，但勝率不高外加搞不倫戀）、青春女神赫柏（天界小小斟酒官，卻被宙斯情夫蓋尼米德搶走飯碗）、分娩女神埃雷圖亞（Eileithyia，出場機會少，是個不起眼的邊緣角色）。還有一位火神兼工匠之神赫菲斯托斯，他的出生說法分歧，有一說是宙斯與赫拉的孩子，另一說是赫拉無性生殖的孩子，是位不良於行又被親兄弟戴綠帽的悲摧人物。

從這群王子和公主的發展來看，大概能合理推導出一個結論：先天優生遺傳固然重要，後天環境教育也不可輕忽，即便是王室家族也不例外，畢竟父王大部分時間在搞外遇、母后大部分時間在打小三，從小看著父母背影長大的孩子們，能不長歪就已經是萬幸了吧！

藝術主題——神王與天后

該如何辨認藝術中的宙斯和赫拉呢？其實，只要畫面同時出現以下兩隻關鍵鳥類，就算夫婦倆裸體脫光光，還是有很高的機率是在描繪這對驚世夫妻。

✦ 2個關鍵動物

(1)老鷹：宙斯的代表聖鳥

(2)孔雀：赫拉的代表聖鳥

宙斯和赫拉這對驚世夫妻有個藝術主題「伊達山的宙斯和赫拉」。希臘神話有兩座聖山均被命名為伊達山，是許多神話故事的發生地點，一座位於希臘最大島克里特島（幼年宙斯的藏匿處、宙斯與赫拉的婚宴場地）、另一座位於土耳其（特洛伊王子蓋尼米德被擄走地、特洛伊王子帕里斯金蘋果事件選美地）。

希臘神話中的著名戰役「特洛伊戰爭」，戰爭期間發生個小插曲：當時宙斯支持特洛伊人、赫拉支持希臘人，夫婦各自力挺不同陣營。特洛伊軍隊占上風時，宙斯愜意地坐在土耳其伊達山上觀戰，赫拉見自己力挺的希臘聯軍潰敗在即，不服輸的她為了削弱宙斯對特洛伊軍隊的助攻神力，特意來到伊達山，以性感肉體誘惑宙斯（赫拉為了增加吸引力，不惜拉下臉面跑去找死對頭美神阿芙蘿黛蒂，向她借能增強魅力的金腰帶來裝扮自己）。

宙斯傻呼呼的以為老婆前來求和，心情一好便降下金色雲彩，夫婦倆久違的翻雲覆雨大戰一場，暫時忘卻人間還在水深火熱大戰一場。總是大頭管不住小頭的宙斯，完全沒料到赫拉早有預謀，她趁宙斯無防備之時，偷偷施展睡眠魔法，導致宙斯沉睡不醒神力消退，特洛伊戰局就在助攻隊隊長呼呼大睡時整局翻盤！

這場發生於伊達山的誘惑名場景，在愛爾蘭新古典主義藝術家巴里的畫作中，可說是詮釋到位！夫妻倆緊盯彼此的眼神、曖昧留白的雙唇、挑逗周旋的手指，傳達男女互不相讓卻又互相吸引、若即若離又愛又恨的微妙關係。金色雲彩間出現象徵宙斯的聖鳥老鷹，雖然沒有畫出赫拉的聖鳥孔雀，但女主角頭上那頂華貴金冠，就足以說明她的身分了！

〈朱庇特和朱諾在伊達山〉(*Jupiter and Juno on Mount Ida*)
巴里（James Barry，1741～1806 年），繪於 1790～1799 年，藏於英國葛雷夫斯美術館

➔〈伊達山上的朱庇特和朱諾〉(Jupiter and Juno on Mount Ida)安托萬・科佩爾（Antoine Coypel，1661～1722 年），繪於十七世紀，館藏地不明

⬅法國王后瑪麗・美第奇（Marie de Médicis，1575～1642 年）將自己比喻為天后赫拉、法王亨利四世（Henri IV，1553～1610 年）比擬為神王宙斯，以希臘神話的王室愛情彰顯自己的地位。

〈瑪麗・美第奇和亨利四世在里昂的會面〉(*The Meeting of Marie de´ Medici and Henry IV at Lyons*)魯本斯（Peter Paul Rubens，1577～1640 年），繪於 1621～1625 年，藏於法國羅浮宮

孔雀美麗尾羽下的殘忍祕密

——天后發現伊俄／天后與阿耳戈斯

如同宙斯與他形影不離的老鷹小寵物，赫拉也總是帶著她的貼身聖鳥孔雀。孔雀的不凡氣質，完全就為襯托赫拉的尊貴而存在，尤其是孔雀開屏那華麗尾羽上的斑眼，彷彿一顆顆眼珠，看久了好像會被吸進去似的。其實，神話裡的孔雀並非如我們今天所見模樣，牠的美麗來自一段天后折磨小三的殘忍故事……。

阿爾戈斯王國有座專門供奉赫拉的神廟，神廟女祭司名叫伊俄(Io)，她向來潔身自愛，虔誠侍奉赫拉。

無預警的，色慾薰心的宙斯盯上了伊俄，他毫不忌諱這位美女祭司是老婆赫拉的神廟員工，直接對伊俄伸出鹹豬手。謹守貞潔的伊俄百般不願意，她頂頭大老闆赫拉是忠實婚姻的擁護者，若被發現，別說被革職了，還有可能被滅口。但宙斯說要就要不容拒絕，他展開厚重烏雲包覆大地，把伊俄藏進黑幕中，強硬地奪走了她的貞操。

宙斯掩蓋外遇的技巧爛得可以，大地突然冒出這團詭異黑雲，想也知道一定是掌管風雨雷電的天神幹的！抓姦抓到可以開徵信社的赫拉，馬上猜到宙斯又在搞鬼，立刻衝向大地喝令烏雲退散。（宙斯一定很後悔和赫拉分享掌控天空的能力！）

被赫拉訓練有「速」的宙斯三秒將伊俄變形，烏雲散去後哪有什麼美女，只見宙斯沒事唱著小曲，身旁蹲伏著一頭白色小母牛。然而，同樣被宙斯訓練有素的赫拉，一瞥小母牛就知道案情不單純，故意向宙斯索討那頭漂亮小母牛作為禮物。宙斯萬萬沒想到老婆居然來這招，但找不到理由拒絕，只好勉為其難地送出小母牛。

赫拉收下小母牛，立刻指派百眼巨人阿耳戈斯(Argus Panoptes)嚴加看管。阿耳戈斯天賦異稟擁有一百隻眼睛，眼睛還能輪流換班工作，永遠不用休息睡覺（簡直是二十四小時待命的保全中心主任）。這下伊俄可慘了，不只被強暴，還被變成小母牛，有苦難言只能哞哞哀號。

宙斯為此感到愧疚，派遣最信任的兒子信使之神荷米斯去處理一下。荷米斯在百眼巨人身旁吹奏柔和的安眠曲，巨人便緩緩閉上一顆顆眼睛，當他完全鬆懈睡去，下一秒就被荷米斯用利刃砍斷脖子！最慘的是，百眼巨人的頭顱還被荷米斯打包外帶。

小母牛伊俄以為自己得救了，但她實在輕忽了赫拉的整人手段。赫拉派出一隻牛虻狂叮小母牛，伊俄為了躲避臭蟲，她日夜無法喘息，身心受到嚴重折磨，到後來甚至忘了自己是誰。可憐的伊俄最後渡海來到埃及尼羅河，等在那裡的宙斯才終於將她變回人形。（赫拉的神力範圍不到埃及，但是說宙斯你不能早點出來引路嗎？）

有人說赫拉為了獎勵，或說為了洩憤，向荷米斯要回阿耳戈斯的百眼頭顱。然而，赫拉的目的不是為了安葬巨人部下，而是把他眼睛一顆顆挖下來，用新鮮乳汁洗淨擦乾，再將百顆眼珠裝飾在聖鳥孔雀的尾羽上。而這，就是孔雀開屏那豔麗「眼」斑的恐怖由來——赫拉將孔雀帶在身邊，以血腥殘酷的手段提醒宙斯他所犯下的背叛，她沒有要放過他，但其實她也沒有放過自己。

這則神話故事轉化成藝術形式，意外受到藝術家們的青睞，創作出為數眾多的作品，藝術主題大致可分為三類：1天后發現伊俄、2天后與阿耳戈斯、3荷米斯與阿耳戈斯。本篇介紹與赫拉相關的主題畫作，「荷米斯與阿耳戈斯」的介紹請看〈神王下令斬首百眼巨人〉。

藝術主題1——天后發現伊俄

此主題描繪赫拉從奧林帕斯山衝下來，驅散濃厚烏雲的抓姦片段。宙斯除了將自己變形成白牛（請見〈宙斯濫情史之為愛大變身〉歐羅巴公主的跨海綁架案），也把情人變形成白牛，而他一臉無事靠著的小白牛正是倒楣受害者伊俄。欣賞藝術品時，掌握以下關鍵線索，即能辨識此藝術主題。

✦4個關鍵線索

(1) 主要動物：一頭白牛
(2) 主要人物1：赫拉，頭戴冠冕＋身旁有孔雀的華麗女人
(3) 主要人物2：宙斯，撫摸白牛的男人，身旁有時會出現老鷹
(4) 畫面場景：人物周圍環繞厚重雲朵，是宙斯施展的拙劣遮羞布

荷蘭黃金時代的阿姆斯特丹畫家拉斯特曼，是當時代最重要和最有影響力的藝術家，曾指導過未出道的林布蘭和揚．列文斯（Jan Lievens，一六〇七～一六七四年），其繪畫特色在於對人物表情和手足的細膩描繪。

從〈朱諾發現朱庇特和伊俄〉可見，從天而降的赫拉面色凝重，手中權杖指向白牛興師問罪；相對的，處於下方的宙斯（位置和氣勢等各種層面都處下風），左手五指張開，努力支撐著他忍不住想往後逃的衝動。與他強壯結實肉體對比的，卻是驚訝內疚的表情，兩者並置突顯這位妻管嚴神王對大老婆的恐懼。（請說是尊重！）

畫面添加兩位故事沒提到的人物：小愛神邱比特、頭戴紅面具和腰間掛狐狸皮的男人。兩人正忙著用紫布蓋住白牛，向赫拉隱瞞宙斯的偷情證據，畫家以這兩位角色傳達出愛情中的欺騙與狡猾。

〈朱諾發現朱庇特和伊俄〉(*Juno Discovering Jupiter with Io*)
拉斯特曼（Pieter Lastman，1583～1633 年），繪於 1618 年，藏於英國倫敦國家美術館

⇧ 赫拉：「這頭牛哪來的？給我！(強制徵收)」

〈朱諾突襲朱庇特和伊俄〉(*Juno Verrast Jupiter en Io*)
范布朗克霍斯特（Johannes Jansz Bronckhorst，1627～1656 年），繪於 1655～1656 年，藏於荷蘭烏特勒支中央博物館

⇧ 宙斯：「老婆大人您來啦？(抖抖抖)」

〈朱庇特和伊俄〉(*Jupiter and Io*)
菲吉諾（Giovanni Ambrogio Figino，1548～1608 年），繪於 1599 年，藏於義大利馬拉斯皮納畫廊

藝術主題2——天后與阿耳戈斯

此主題描繪身首分離的百眼巨人阿耳戈斯倒臥在地，赫拉手拿眼珠（有時由身旁侍女神執行），準備裝飾孔雀尾羽的故事片段。欣賞藝術品時，掌握以下關鍵線索，即能辨識此藝術主題。

✦ 4個關鍵線索

(1) 主要動物：孔雀

(2) 主要人物1：赫拉，頭戴冠冕的華麗女人

(3) 主要人物2：阿耳戈斯，身首分離的裸體男人

(4) 配角人物：荷米斯，頭戴羽翼帽+腳穿羽翼鞋，在天空飛翔的男人

巴洛克藝術大師魯本斯的繪畫特色之一，在於展現豐潤的肌膚肉體和旺盛的生命氣息。赫拉身穿豔紅華服、頭戴黃金后冠、耳戴大粒珍珠，然而與這身喜氣的皇家禮服相違和的，是她眼中的憐憫不捨與手中的粒粒眼睛；身旁的侍女神裹著阿耳戈斯的斷頭，用金簪挖出眼珠給赫拉，讓她將眼珠裝飾在兩隻孔雀的尾羽上；倒在地上的則是阿耳戈斯被斬首的遺體，即便生命已逝，依然能感受那副肉體的彈性。

魯本斯處理此藝術主題時，選擇以愉悅而非恐怖的方式呈現，例如天空彩虹、明亮豐富的用色、偷拔孔雀羽毛嬉鬧的幼童，試圖從正面角度詮釋這則神話故事——赫拉裝飾孔雀的目的是為哀悼和紀念阿耳戈斯的犧牲，傳達她除了殘酷善妒，也有關懷同情的一面。

〈朱諾和阿耳戈斯〉(*Juno and Argus*)
魯本斯（Peter Paul Rubens，1577～1640 年），約繪於 1611 年，藏於德國瓦拉夫－里查茨博物館

⊕ 赫拉拿鑷子妝點孔雀尾羽，優雅姿勢彷彿正在創作藝術品。（但那斷頭超可怕！）

〈朱諾將阿耳戈斯的眼睛放在孔雀尾羽上〉(*Juno Placing the Eyes of Argus on the Tail of a Peacock*)
布爾巴里尼（Deifobo Burbarini，1619～1680 年），繪於十七世紀，私人收藏

⊖ 阿耳戈斯斷頭切面的寫實度，視畫家本人的血腥度而定，為避免觀畫者過度恐慌，含蓄的畫家會選擇以手或布遮掩。

〈朱諾和阿耳戈斯〉(*Juno and Argus*)
德費拉里（Gregorio De Ferrari，1647～1726 年），繪於 1685～1695 年，藏於法國羅浮宮

Chapter

4

海王——波賽頓

Poseidon

霸榜人氣王的大海王者

——海王的藝術形象

01

海王波賽頓小檔案

希臘名	波賽頓 (Poseidon)
羅馬名	涅普頓 (Neptune)
配　偶	安菲特里忒 (Amphitrite)
神　職	海王，管轄水域所有範圍
聖　物	海豚、三叉戟、白馬黃金戰車

波賽頓是海神和水神，手持三叉戟是他的註冊商標，只要揮動三叉戟便能引發風暴海嘯、召喚深海怪物，強烈震撼力甚至會造成世界大地震。大海王者的氣魄形象深植人心，是藝文影視和商業品牌愛用的致敬對象，超高聲量使他在希臘神話人氣排行常年霸榜，他究竟有哪些魅力呢？

波賽頓的父親是泰坦神王克洛諾斯，母親是同為泰坦神的瑞亞，他是最後一名被父親活吞入腹的孩子。當弟弟宙斯夥同大洋女神墨提斯，用計迫使克洛諾斯將孩子們吐出後，波賽頓才再次誕生於世。波賽頓得知宙斯要起身對抗父親時，毫不猶豫加入他的奧林帕斯陣營，因此在天界大戰取得最終勝利後，宙斯提議由他本人、波賽頓、黑帝斯親兄弟三人，抽籤分配世界的統治領域。

波賽頓抽中海洋成為海王，神界地位僅次於神王宙斯。作為大海王者，波賽頓擁有管轄海洋的權力，統治所有海洋生物和深海怪物，以及海洋眾神。海洋眾神族繁不及備載，僅列出代表性的神祇，例如原始海洋神蓬托斯的後代，包含海洋老人涅羅斯(Nereus)、海神陶馬斯(Thaumas)、深海神福耳庫斯(Phorcys)、女海怪刻托(Ceto)；司管海洋的泰坦女神特堤斯(Tethys)、特堤斯的女兒大洋女神墨提斯（設計克洛諾斯喝下催吐劑的機智女神）、海洋女神忒提斯（赫拉企圖推翻宙斯時，她曾協助宙斯脫困），以及眾多象徵海洋樣貌的海寧芙(Nymph，希臘神話的次要女神，亦譯作精靈或仙女)。

波賽頓最鮮明的特徵，莫過於手持三叉戟的威嚴形象。這把三叉戟是天界大戰時，神界軍火商獨眼巨人為他量身打造的武器，揮動三叉戟能掀起滔天巨浪，召喚海底駭人海怪（海怪殺傷力太強，非必要不會隨意釋放海怪），風暴與海嘯不僅能使大陸沉沒，強烈震撼力甚至會引發世界大地震，因此波賽頓又被稱為「大地震撼者」。

不過，波賽頓的個性如同海洋，擁有驚濤駭浪的一面，也有風平浪靜的一面，當他駕著白馬黃金戰車奔馳於海面，即能平息咆哮的海浪，而跟隨在戰車周圍的海豚，則代表大海的寧靜和波賽頓親切的神性。

波賽頓不單管轄海洋，但凡有水的地方就有他的力量，因此他對陸地上的人類也多有貢獻。波賽頓與智慧女神雅典娜爭奪雅典城時，為了展現神蹟，曾用三叉戟擊碎岩石，以岩縫流出的清泉澆灌農作物，同時賜予人類第一匹馬，因而也被視作馬匹之神（可惜最後輸了比賽，從此和雅典娜結下樑子，暴怒之下順便用洪水淹了雅典城）。

傳說波賽頓在希臘愛琴海底建造了一座輝煌宮殿，但他更常待在奧林帕斯山上，野心勃勃地找機會推翻宙斯，導致宙斯總是小心翼翼地防範他。這對兄弟關係緊繃且微妙，面對權力鬥爭時，他倆可以在奧林帕斯神殿裡劍拔弩張，搞得天界同仁們有夠尷尬；遇到獵豔把妹時，卻又豬朋狗友互相照應（例如歐羅巴公主跨海綁架案，波賽頓就命令海獸為公牛宙斯開水道，護送歐羅巴渡海抵達克里特島）。相愛相殺的兄弟倆，為神仙家族肥皂劇增添更多你爭我奪的爭權鬩牆梗。

藝術主題——海王的藝術形象

希臘神話的波賽頓，對應羅馬神話的涅普頓。波賽頓是典型的奧林帕斯完美男神，渾身肌肉的強健體魄，散發海上男兒獨特的陽光野性。手持三叉戟的標準站姿一就定位，就是強大力量本尊，各種描述強者氣場的形容詞都是為他而生，難怪與海洋神話相關的藝文影視創作，幾乎都以海王波賽頓作為發想靈感。欣賞藝術品時，掌握以下人物特徵，即能辨識出這位「大海王者」。

✦ 3個人物特徵

(1) 人物形象：精心梳理的濃密頭髮與鬍鬚，身披藍袍並露出結實胸肌的穿搭風格（造型明顯抄襲宙斯）

(2) 專屬神器：三叉戟，此乃獨眼巨人匠心打造的御用兵器

(3) 必備萌寵：海豚、白馬

義大利精品超跑瑪莎拉蒂又被稱為「海神」，其品牌標誌三叉戟，即是設計師馬里奧·瑪莎拉蒂 (Mario Maserati) 受到波隆那的海神噴泉啟發而設計。（Shutterstock 圖庫網提供）

→ 海王駕駛白馬黃金戰車巡視五湖四海，也是第一位送給人類馬匹的神（請見本書〈雅典娜與波賽頓的恩怨由來〉）。海王與馬的連結頗深，江湖人稱「白馬海王子」！

〈海王涅普頓〉(*Neptune*)
范登瓦爾克特（Werner van den Valckert，1585～1635 年），繪於 1619 年，藏於丹麥國立美術館

← 海王的戰車居然是粉白大貝殼，意外發現他少女心的一面。（並不是！）

〈海王涅普頓〉(*Neptune*)
傑烏拉（Étienne Jeaurat，1699～1789 年），繪於十八世紀，藏於法國羅浮宮

天涯海角追妻記

——海王的勝利

波賽頓是管轄大海的海王，也是感情世界的「海王」，他和宙斯一樣性好漁色，卻不擅長管理愛情漁場，別說放長線釣大魚這種曖昧技巧，就連撒網捕魚的等待耐心都沒有，大老粗看到喜歡的魚就拿三叉戟往水裡插，搞得魚群見他就躲。奇怪的是，波賽頓搞七捻三擁有各路情人，但正宮海后卻對這種行為不聞不問，大概是和他當年追妻的過程有關吧……。

波賽頓駕著自家白馬黃金戰車，巡遊到納克索斯島時，看見島上有一群海寧芙正在唱歌跳舞，她們是誠實和藹的海洋老人涅羅斯與環流女神多里斯 (Doris) 的五十位女兒，各自象徵著海洋的多種樣貌。眾家海洋仙女中，一位名叫安菲特里忒的海寧芙吸引住波賽頓的目光，她擁有深藍眼眸與一雙美踝，散發王后般的高冷氣質，波賽頓看著她優美絕倫的舞姿，就這麼一見鍾情戀愛了。

對安菲特里忒動心的波賽頓，一如過去粗莽，衝上岸就要逮人。見到來勢洶洶又性致勃勃的波賽頓，眾家仙女嚇得花容失色，紛紛潛入海底逃難，但海霸王就是海霸王，立刻派出他的聖獸海豚追逐安菲特里忒。安菲特里忒為了躲避波賽頓的追求，一路逃到了天涯海角的大海盡頭，最後筋疲力盡被逮到，只得不情不願的被海豚載回去，被迫接受波賽頓的求愛成為海后。

海洋婚禮盛大舉行，天界與海洋同歡祝賀。波賽頓賦予安菲特里忒統管海洋的權力，讓她同樣能掀起狂濤巨浪，管理不計其數的海中怪物。海王夫婦生下兒子川頓 (Triton) 是上半身人身、下半身魚尾的男美人魚，作為海霸王的獨生子，這位海王子除了標配的三叉戟，還自備一顆當作號角的大海螺殼，海螺發出巨大響聲的聲波，能揚起海浪為海王開道，也能威嚇兇猛的敵人。迪士尼動畫《小美人魚》中的主角愛麗兒公主，她的父親川頓國王是大西洋人魚王國的海王，其角色靈感正取材於希臘神話中的海王子川頓。

海豚座的由來

這則名副其實「追妻」故事中的勝利者，除了成功討到老婆的波賽頓之外，還有那隻追逐安菲特里忒的海豚。波賽頓和他兄弟宙斯一樣，為了獎勵海豚鍥而不捨的精神，把這隻立大功的海豚升上天空，化作不朽的海豚座以紀念這段愛情（哈囉～有人在乎安菲特里忒的感受嗎?:）。海后在神話故事的出鏡率不高，更不像赫拉到處追著老公的小三打，她冷漠看待波賽頓的風流韻事，大概記恨著這段超不浪漫的追妻過程吧！

藝術主題——海王的勝利

海王追妻故事轉化成藝術形式，標題命名多為"The Triumph of Neptune"，意即「涅普頓的勝利」（aka 安菲特里忒的失敗），描繪海王與海后的盛大婚禮。欣賞藝術品時，掌握以下關鍵線索，即能辨識此藝術主題。

✦5個關鍵線索

(1)主要人物1：海王，手持三叉戟、身披藍袍的鬍鬚男
(2)主要人物2：海后，身披紅袍的女子
(3)配角人物：海寧芙、人魚、小愛神等眾多前來祝賀的插花人物
(4)主要動物：海豚、白馬黃金戰車
(5)畫面場景：海洋

法國古典主義繪畫大師普桑的〈涅普頓的勝利〉，描繪海王和海后的盛大海洋婚禮。除了藍袍的海王新郎與紅袍的海后新娘，周圍還安排海寧芙、吹號角的海洋信使、撒花的小愛神等祝賀人物。即便人物與細節眾多，普桑依然維持構圖平衡與色彩和諧的一貫風格，呈現愛情喜劇的圓滿大結局。（很想向新娘說聲恭喜，但考慮到她的百般無奈，還是閉嘴好了！）

關於畫中女主角的身分，其實有兩派說法，除了海后安菲特里忒外，還有一說是美神阿芙蘿黛蒂，描繪海王迎接自海洋誕生的美神（可能與她坐在貝殼上有關）。大部分藝評傾向女主角是海后的說法，但你又是怎麼看呢？

〈涅普頓的勝利〉(*The Triumph of Neptune*)／〈維納斯的誕生〉(*The Birth of Venus*)
普桑（Nicolas Poussin，1594～1665 年），繪於 1635 年，藏於美國費城藝術博物館

穿著新娘白紗的海后坐在海神超跑上，聽著指向遠方的海王吹噓即將前往的海上宮殿，同時露出尷尬又不失禮貌的應對微笑，兩人首次約會的互動似乎還算和睦。

〈涅普頓的勝利〉(*The Triumph of Neptune*)
布洛涅（Bon Boullogne，1649～1717 年），繪於 1700～1725 年，藏於法國圖爾美術館

海王擁有召喚和平息風暴的神力，三叉戟用力一揮，天空出現彩虹和雲朵，預示暴風雨逐漸遠離。（明明是好事，但大家看起來都不開心，尤其是最前方那位海洋信使，身體扭曲好像上演《七夜怪談》）

〈風暴中的涅普頓和安菲特里忒〉(*Neptunus en Amphitrite in de Storm*)
約爾丹斯（Jacob Jordaens，1593～1678 年），繪於 1644 年，藏於魯本斯故居

Chapter

5
冥王——黑帝斯

Hades

有才又有財的地下總裁

——冥王的藝術形象

冥王黑帝斯作為冥府統治者，是個不受歡迎的邊緣角色，雖然給人黑暗恐怖的第一印象，但越了解他，越發現他冷淡不冷酷、陰沉不陰險，在任性妄為的眾神中，他做自己卻不作亂的行事風格，反而成為少數受古希臘人徹底敬畏的神祇。

冥王黑帝斯小檔案

希臘名	黑帝斯 (Hades)
羅馬名	普魯托 (Pluto)
配　偶	波瑟芬妮 (Persephone)
神　職	冥王、富裕之神，管轄冥界所有範圍
聖　物	隱形頭盔、雙叉戟

黑帝斯是宙斯和波賽頓的親兄弟，是父親泰坦神王克洛諾斯吞食的第一位兒子。天界大戰中，黑帝斯加入宙斯的奧林帕斯陣營，因此當宙斯論功行賞時，他能與兩位兄弟一起抽籤分配世界的統治領域。不過，有贏家就有輸家，當宙斯得意洋洋地成為統治宇宙的天神、波賽頓勉為其難地成為海王時，黑帝斯拿著手中的「下下籤」，下到冥府成為令人聞風喪膽的冥王。

黑帝斯是統治幽冥世界的冥王，但他不是死神，也不是判官，這些職務另由他麾下的黑暗神祇執行，他比較像是冥府企業的地下總裁，負責管理陰間亡靈、地底怪物，和所有令人畏懼的黑暗神祇，例如真正的死神桑納托斯 (Thanatos)、睡神許普諾斯 (Hypnos)、冥界判官艾亞哥斯 (Aeacus)、拉達曼迪斯、米諾斯（後兩位是宙斯和歐羅巴公主的兒子，生前是人間國王、死後是冥界判官）。

希臘神話的死後世界不存在天堂，人類無論善惡好壞，靈魂的最終歸處都是冥府。亡靈順利進入冥府後，經由判官裁定該進入善良的至福樂土，或是罪惡的痛苦地獄。在黑帝斯紀律嚴明的治理下，冥府事務井然有序，陰陽人口保持平衡。對比亂搞男女關係又恣意妄為的奧林帕斯眾神，黑帝斯輕易出線，成為少數受古希臘人真心敬畏的神祇。

即便風評考績特優，黑帝斯畢竟直接與「死亡」的黑暗意象畫上等號，眾神和人類不太歡迎他的到訪。黑帝斯有自知之明，非必要不出門，安分守己待在他的黑暗國度，不常到奧林帕斯或人間露臉，如此體貼簡直就是諸神良心（不像波賽頓肖想宙斯的寶座，不乖乖留守海底宮殿，三不五時就跑到奧林帕斯山觀察篡位機會）。然而，也因為黑帝斯太少出席奧林帕斯神殿聚會，有些故事版本將他從奧林帕斯十二神名單中除名。

雖然眾神都說黑帝斯籤運最差，被分配到陰暗淒冷的地下世界，好不悲慘諸如此類云云，但黑帝斯本人倒不這麼想！他天生個性陰沉低調，宅在幽冥世界反而愜意自在，而且大家都忽略一件重要大事——作為地底管理者的黑帝斯，等於擁有地下的礦脈資源。以現在角度來看，黑帝斯坐擁全球金山寶礦，根本富得流油的地下土豪（合理懷疑黑帝斯插股全世界石油礦業公司），奧林帕斯富豪排行榜狠甩眾家神仙，說他富可敵國還是種侮辱，他本人就是富、就是國、就是「老子有錢」，因此這位有才又有財的地下總裁，也被視為掌管地底珍寶的「財富之神」。

藝術主題——冥王的藝術形象

希臘神話的黑帝斯，對應羅馬神話的普魯托。黑帝斯個性陰沉，但絕非邪惡角色，他屬於奧林帕斯神族，外型同宙斯與波賽頓一樣是完美英挺的男神。欣賞藝術品時，掌握以下人物特徵，即能辨識出這位「地下總裁」。

〈普魯托與克爾柏洛斯雕像〉
西元二世紀中葉，藏於希臘伊拉克利翁考古學博物館

✦ 3個人物特徵

(1) 人物形象：精心梳理的濃密頭髮與鬍鬚，身披黑袍並露出結實胸肌的穿搭風格（造型同他另外兩位兄弟）

(2) 專屬神器：雙叉戟、隱形頭盔

(3) 必備萌寵：地獄三頭犬克爾柏洛斯(Kerberos)

➔ 冥王手中握著冥府大門的鑰匙，還將地獄三頭犬當靠背，看這架勢就知道是個狠角色！

〈冥王普魯托〉(*Plutone*)
卡拉齊（Agostino Carracci，1557～1602 年），繪於 1591～1593 年，藏於義大利埃斯特美術館

← 冥府禁止生人進入，但有時也有例外，例如冥王和冥后曾被音樂家奧菲斯的淒美音樂所感動，同意讓他帶回死去的妻子歐律狄克。

〈奧菲斯和歐律狄克〉(*Orpheus and Eurydice*)
魯本斯（Peter Paul Rubens，1577～1640 年），繪於 1636～1638 年，藏於西班牙普拉多博物館

02

霸道總裁逼我嫁

——被劫持的波瑟芬妮

黑帝斯行事低調，無心戀棧天界權力，長期安分守己留守冥界。因此，當黑帝斯出門造訪人間，絕對是為了「幹大事」！不過，他萬萬沒料到偶爾出個風頭，就意外讓人類陷入生存危機中……。

故事開始前，得先來認識一位女神「波瑟芬妮」，依據赫西俄德《神譜》敘述，她是穀物女神狄蜜特和宙斯的獨生女，被母親狄蜜特當作心肝小寶貝百般呵護。波瑟芬妮是司管泉水的青春女神，也是植物萌發的春神，這位芳華正盛的白甜美少女，令許多男神對她傾慕不已，其中包括一直很想娶老婆的黑帝斯（冥府交友圈太小，地下總裁寂寞空虛覺得冷）。

黑帝斯將他暗戀波瑟芬妮的心事告訴宙斯，但宙斯知道狄蜜特絕對不會同意這門親事，只好叫黑帝斯自己想辦法，唯一能答應的就是不干涉他的所作所為。（梳理一下這群神的關係，狄蜜特、宙斯和黑帝斯是親姊弟，所以波瑟芬妮是黑帝斯親上加親的姪女。）

一天，波瑟芬妮在山間採花，突然聞到一股異香，這香味來自遠處一朵前所未見的花朵。被花香吸引的波瑟芬妮離開同伴獨自走了過去，就在她伸出纖纖玉手準備摘花時，大地卻突然以那朵花為中心裂開，黑帝斯駕著黑馬黃金戰車從地底裂口竄了出來！黑帝斯伸出強壯手臂，一把拽起波瑟芬妮，強行將她抱上戰車，等到採花同伴們聽到波瑟芬妮的高聲尖叫時，黑帝斯已駕著戰車鑽進大地裂縫，而原本裂開的大地瞬間回復原狀，平靜的就像沒發生過任何事一般。

狄蜜特知道女兒被擄走後心急如焚，知道是宙斯默許黑帝斯擄走女兒後，更是氣到炸鍋！無奈她不知道通往冥界的路，只好走遍天涯海角尋找失蹤愛女，如今保佑農產豐收的穀物女神日漸憔悴，導致大地農作物歉收，人類陷入糧食短缺的生存危機（或是故意擺爛逼宙斯出來解決問題）。

宙斯為了平息狄蜜特的怒火，派遣能穿梭陰陽兩界的信使之神荷米斯，到冥府強制帶回波瑟芬妮。波瑟芬妮很高興能返回母親身邊，但一旁的黑帝斯就很失落了，他根本捨不得讓她離開，但礙於神王命令只好放行。波瑟芬妮臨行前，黑帝斯為她設宴餞行，但波瑟芬妮無心逗留，隨意吃下四顆石榴種籽後便匆促離開。黑帝斯貪戀地看著心愛女神離去的背影，嘴角卻泛出一抹詭異的微笑。

黑帝斯說得很少愛得很深，雖然同意放行，但波瑟芬妮吃下的那四顆石榴種籽卻成為關鍵。傻傻將石榴種籽吃下肚的波瑟芬妮不知道冥府的規定，但凡吃下冥界食物並返回陽間者，每年固定時間需重回冥界居住，否則將會喪命。在這種制約條件下，波瑟芬妮每年必須返回冥府四個月陪伴黑帝斯，其他時間則回到人間陪伴母親狄蜜特。

波瑟芬妮被迫兼顧親情與愛情，只好陰陽兩界輪流 long-stay，好在黑帝斯沒有辜負她，大方和她分享統治冥府的至高王權，縱使他偶爾有些流言蜚語的桃色小八卦，但基本上一生只深愛波瑟芬妮一人。

四季的由來

狄蜜特和波瑟芬妮的感情深厚，堪稱地表最黏母女檔，因此當女兒返回冥界時，狄蜜特就會陷入重度憂鬱，人間大地也隨之進入凜冬，農作物枯萎凋零；但時間一到，女兒踏著輕盈腳步重返大地，狄蜜特便笑逐顏開，重新履行穀物女神的職責，農作物再次恢復生機。穀物女神的情緒變化，正是古希臘人解釋四季的由來。

除此之外，波瑟芬妮輪流生活在陰陽兩界——當她返回陰間陪伴黑帝斯時，她是冥界王后，冥界最尊貴的高冷女人；當她來到陽間陪伴狄蜜特時，她便恢復成春神，永遠媽寶的白甜美少女。這種陰轉陽又陽轉陰、女人轉少女又少女轉女人的雙重形象，使她在宗教中同時具有死亡與再生的獨特定位，在心理學上亦有諸多關於女性成長的心理學分析討論。

藝術主題——被劫持的波瑟芬妮

冥王搶婚故事轉化成藝術形式，標題多命名為“The Rape of Proserpine”、“The Abduction of Proserpina”，意即「被劫持的波瑟芬妮」，描繪黑帝斯擄走波瑟芬妮的場景。欣賞藝術品時，掌握以下關鍵線索，即能辨識此藝術主題。

✦ 4個關鍵線索

(1) 主要人物1：黑帝斯，緊緊抱住女子的鬍鬚男
(2) 主要人物2：波瑟芬妮，被男人抱住並奮力掙扎的女子
(3) 輔助物件：黑馬黃金戰車（黑帝斯的專屬座駕通常是黑馬，但有時為了畫面配色會出現其他顏色的馬匹）
(4) 畫面場景：山林野地

黑帝斯擄走波瑟芬妮的經典姿勢，以早期巴洛克藝術的義大利雕塑家貝尼尼的作品最為傳神。貝尼尼接受當時最有名望的藝術贊助者兼紅衣主教博爾蓋塞（Scipione Borghese，一五七七～一六三三年）委託而進行創作。

波瑟芬妮被黑帝斯高舉過頭，從她扭曲的身體、推拒的雙手、嫌惡的表情，再再顯示她的抗拒掙扎；而抱著她的男人，從頭戴的皇冠、腳邊的地獄三頭犬，可判斷他正是黑帝斯本尊。

堅硬的大理石到了貝尼尼手中，彷彿變成能輕易揉捏的白蠟——黑帝斯濃密的鬍鬚和狂野的髮絲、肌肉發達的強壯身體，若近一步細看他抱著波瑟芬妮的右手，手指甚至掐進波瑟芬妮的大腿，讓觀者真實感受到少女的彈性肉體。當人們看到完成後的大理石雕塑，難以置信竟是出自年僅二十三歲的貝尼尼之手，作品人物之真實，彷彿真人上演山大王搶婚戲。

〈被劫持的波瑟芬妮〉(*The Rape of Proserpina*)
貝尼尼（Gian Lorenzo Bernini，1598～1680 年）
創作於 1621～1622 年，藏於義大利博爾蓋塞美術館 (wikipedia, Alvesgaspar, CC BY-SA 4.0 /Antoine Taveneaux, CC BY-SA 3.0)

➔ 波瑟芬妮的反抗力道像是要把黑帝斯的頭扭斷，但即便如此，黑帝斯仍義無反顧駕駛著黑馬黃金戰車，衝向畫面右側的濃重陰影處，或許那裡暗藏通往冥府的空間傳送門吧！

〈被綁架的波瑟芬妮〉(*The Abduction of Proserpina*)
林布蘭（Rembrandt，1606～1669 年），約繪於 1631 年，藏於德國柏林畫廊

← 魯本斯筆下的冥王劫持波瑟芬妮時被一票女神追殺，從左至右分別是狩獵女神阿提米絲、美神阿芙蘿黛蒂、智慧女神雅典娜。

〈被劫持的波瑟芬妮〉(*The Rape of Proserpine*)
魯本斯（Peter Paul Rubens，1577～1640 年），繪於 1636～1638 年，藏於西班牙普拉多博物館

Chapter

6

美神——阿芙蘿黛蒂

性慾女神的誕生祕辛

維納斯的誕生

希臘神話掌管性與美的女神阿芙蘿黛蒂，有個更響亮的羅馬名維納斯，她是外貌極致美麗的完美女神，也是掌握性自主權的性愛女王，愛情世界之精彩度與神王宙斯不相上下。阿芙蘿黛蒂人美路子野，花名在外豔名遠播，一切的一切得從她的誕生開始說起……。

阿芙蘿黛蒂小檔案

希臘名	阿芙蘿黛蒂 (Aphrodite)
羅馬名	維納斯 (Venus)
配　偶	赫菲斯托斯 (Hephaestus)
神　職	美神、愛情女神、性慾女神、航海女神
聖　物	白鴿、天鵝、桃金孃

阿芙蘿黛蒂的誕生和神界第一起重傷害案有關——遠古時代，第一代天空神烏拉諾斯在愛神厄洛斯的催情下，緊緊壓覆在大地母神蓋亞身上與之性交，導致蓋亞體內的眾多孩子無法出生於世。在蓋亞的徵求下，小兒子克洛諾斯用力揮舞著一把大鐮刀，切下烏拉諾斯高潮射精的陽具。劇痛的烏拉諾斯遠逃至天空，克洛諾斯等一票泰坦神族和巨人族才得以出生。

克洛諾斯一離開大地老媽的肚子，立刻嫌惡地把烏拉諾斯的命根子扔進大海。這蓄滿精液的陰莖隨波漂流了很長一段時間，精液和浪花混在一起，某天某刻，一簇白色海沫忽然從烏拉諾斯的命根子向外翻騰，並從這陣浪花中誕生出一位絕世大美女——阿芙蘿黛蒂。

誕生於海洋的阿芙蘿黛蒂，從希臘的基西拉島 (Kythira) 附近海域，慢慢漂流到賽普勒斯島 (Cyprus) 的帕福斯 (Pafos)，這兩座島都恭奉她為島神，其中帕福斯著名的「愛神岩」，據說是阿芙蘿黛蒂上岸之地，因而成為世界聞名的旅遊勝地。

阿芙蘿黛蒂從海洋緩緩踏上岸，嬌美雙足所經之處綠草成茵，瓷白肌膚滴下的海水也化作顆顆珍珠，盛世美顏驚天動地，眾神為她迷醉傾倒，火速將她迎回奧林帕斯山進入諸神之列。她被尊為愛情女神和美麗女神，司掌一切與愛情和美麗相關的萬事萬物，以古希臘最完美的容貌留存於世人心中（整形外科萬年指定範本）。

被尊為美神的阿芙蘿黛蒂究竟有多美？有首荷馬頌歌讚揚她是「美麗的金色女神」：

> 西風的氣息吹動著她，／飄過濤聲滾滾的海，來到／波浪環繞，她的賽普勒斯島，／她站起來，從細細的泡沫中。
>
> 四季女神用金色花圈，／歡歡喜喜上前迎接她。／為她披上女神的衣裳，／引領她到眾神面前。／紫羅蘭花冠的辛提麗雅，眾神紛紛為她感到驚豔。[1]

幻化自男性生殖器的阿芙蘿黛蒂，天生命格必與性慾糾纏，她除了是完美女神，也是性慾女王，和眾男神幾乎都發生過一夜情，而主要的感情對象有三位：正牌老公匠神赫菲斯托斯、頭號小王戰神阿瑞斯、私藏小白臉美少年阿多尼斯(Adonis)。即使阿芙蘿黛蒂的桃色緋聞數也數不完，但男神和信徒還是戀慕她，因為她是美的化身，也是性與

---

[1] 引自伊迪絲．漢彌敦著、余淑慧譯，《希臘羅馬神話：永恆的諸神、英雄、愛情與冒險故事》，臺北：漫遊者文化，頁34~35

愛的主掌，她的個人慾望與她的先天職責密切相關，不應以普世的倫理道德評判她（唯獨天后赫拉超痛恨她的淫亂私生活）。而她的大名「阿芙蘿黛蒂（Aphrodite）」則衍生出英文單字"aphrodisiac"，名詞是春藥、催情劑、壯陽劑，形容詞則是催情的、引起性慾的意思，至今仍在西方文化裡彰顯她的神力。

阿芙蘿黛蒂誕生於海洋，在其他神話故事篇章裡，她克盡職守照顧航海的船隻和水手，因此愛琴海某些地區的信仰中，至今依然崇拜著這尊豔光四射的豪放女神。

藝術主題——維納斯的誕生

希臘神話的美神阿芙蘿黛蒂，對應羅馬神話的美神維納斯。「維納斯的誕生」(The Birth of Venus) 是西洋藝術的熱門主題，不僅古希臘羅馬時期，到了文藝復興時期、巴洛克和洛可可藝術，以及十九世紀後期的學院藝術，都常見美神芳蹤。藝術家藉由維納斯之名，創造出他們心目中絕美極致的女性容貌與姿態，也因古典神話的包裝，創作者和觀賞者有了明目張膽意淫美女裸體的機會。

「阿芙蘿黛蒂」的希臘文原意是「從泡沫中升起」，而這意象成為最具指標的圖像表現。欣賞藝術品時，掌握以下關鍵線索，即能辨識此藝術主題。

✦ 3個關鍵線索

(1) 主要人物：阿芙蘿黛蒂，長髮的裸體女人

(2) 識別物件：貝殼，明喻阿芙蘿黛蒂如珍珠般閃閃動人，實則暗示女性的外陰部

(3) 畫面場景：海洋或岸邊場景，特別重視泡沫和浪花的描繪

「維納斯的誕生」最經典的繪畫代表，當屬文藝復興時期的義大利佛羅倫斯畫家波提且利的作品。此作在西方繪畫史有個重要意義——歐洲藝術在經歷了漫長的黑暗時代後，再次關注古典神話主題。大約從這幅畫開始，藝術主流題材除了原先的《聖經》故事，還增添了希臘羅馬神話，因此即便後世有許多同名畫作，也無法超越這幅名畫的歷史地位。

畫面中央的女主角維納斯，裸身站在一只大貝殼上；左側的西風之神，鼓嘴將她從海洋吹向岸邊，輕揚起她的柔軟髮絲；伴隨西風之神的花神，為她灑落如蝴蝶飛舞的玫瑰花。右側站在岸上迎接她的是四季女神，準備為她披上繡滿鮮花的玫瑰色華服。

波提且利以前文提到的荷馬頌歌為範本，描繪出維納斯的美麗金色女神形象：肌膚潔白無瑕、金髮隨風飄逸、表情純真呆萌。然而，維納斯體態雖美，但身體比例似乎有些違和，尤其是那過長的頸部和脫臼下滑的左肩，而這些不符合人體結構的特點，其實是畫家為了呈現更加修長優美的身體線條而故意設計。

波提且利畫筆下的維納斯站姿柔美，用手與頭髮略微遮住重點部位的站姿被稱為「舉止端莊」。不用疑惑，當你看到其他作品，相信你也會認同這幅畫中的維納斯女神真的保守且含蓄。

〈維納斯的誕生〉(*The Birth of Venus*)
波提且利（Sandro Botticelli，1445～1510 年），約繪於 1485 年，藏於義大利烏菲茲美術館

提香同樣使用三大關鍵線索。特別一提的是，維納斯扭頭擰乾頭髮的姿勢，也出現在許多相同主題的畫作中。

〈從海中升起的維納斯〉(*Venus Anadyomene*)
提香（Titian，1490～1576 年），繪於 1520 年，藏於蘇格蘭國家畫廊

漂浮海面的貝殼是維納斯的獨立舞臺，她自信展現 S 形曲線的曼妙身體，吸引上天下地眾神圍觀吹海螺。

〈維納斯的誕生〉(*The Birth of Venus*)
布格羅（William-Adolphe Bouguereau，1825～1905 年），繪於 1879 年，藏於法國奧賽博物館

此作是同主題極少數的躺臥姿態，畫作公開展示後引起極大回響，卻也遭受不少批評，畢竟一具半睡半醒的美麗裸體，確實激發男人的獸慾，撩人的姿態彷彿下一秒就會被撿屍。

〈維納斯的誕生〉(*The Birth of Venus*)
卡巴內爾（Alexandre Cabanel，1823～1889 年），繪於 1863 年，藏於法國奧賽博物館

Chapter

7

火神和工匠之神——赫菲斯托斯

01 鐵工廠老闆的勵志奮鬥史

——匠神的藝術形象

火神兼匠神的赫菲斯托斯既醜且跛，是奧林帕斯山諸神的「特例」，雖然常被眾神恥笑，但這絲毫不影響他的職涯發展，赫菲斯托斯以自身實力讓瞧不起他的眾神閉嘴，從而獲得天界與凡間的敬重，堪稱神界最勵志奮鬥史！

赫菲斯托斯小檔案

希臘名	赫菲斯托斯 (Hephaestus)
羅馬名	伏爾坎 (Vulcan)
配　偶	阿芙蘿黛蒂 (Aphrodite)
神　職	火神、火山神、金石鍛造的匠神
聖　物	錘子、鐵砧、鉗子等鐵匠工具

在外表光鮮亮麗的奧林帕斯眾神中，赫菲斯托斯是獨特的存在，他是唯一不良於行的身障人士，打破了世人對神祇的完美印象。造成赫菲斯托斯跛足的說法不一，無論何者，都與他的原生家庭脫不了關係。

第一個主流說法是，天后赫拉不滿神王宙斯獨自從頭顱生下智慧女神雅典娜，為了報復丈夫，她決定仿效宙斯，自己孕育出一個孩子。作為單一配偶制的捍衛者，赫拉只能想辦法靠意志力單性生殖，然而好不容易辛苦生下的兒子赫菲斯托斯，不僅長相醜陋，腳部還有先天缺陷。心高氣傲的赫拉難掩失望，竟狠心將兒子丟下奧林帕斯山，可憐的棄嬰掉進大海，被海洋泰坦女神特堤斯與其女兒海洋寧芙歐律諾墨(Eurynome)發現，她們倆好心的照顧小棄嬰赫菲斯托斯直到九歲。（這個說法在時間上有疑點，宙斯是靠赫菲斯托斯用大斧劈開他的顱骨而產下雅典娜，赫菲斯托斯的年紀理應長於雅典娜，但此故事版本的赫菲斯托斯卻尚未誕生。）

另一說法則是，赫菲斯托斯並非天生缺陷，而是神王天后夫婦爭吵時，小赫菲斯托斯為了保護媽媽赫拉，被發怒的爸爸宙斯從奧林帕斯山扔到人間，跌到萊姆諾斯島(Lemnos)摔斷了腿，導致他終生不良於行。

赫菲斯托斯的跛足不論是先天缺陷或後天家暴所致，年幼的他被親生父母拋棄人間是鐵打的事實。在一則古老故事中，成年的赫菲斯托斯為了報復赫拉，刻意打造一把金色寶座獻給她，但赫菲斯托斯偷偷為寶座加裝了隱形鎖鏈，因此赫拉一坐上寶座，立刻就被鎖鏈綁得動彈不得。諸神懇求赫菲斯托斯為赫拉解鎖，但他拒絕返回奧林帕斯山，最後是酒神戴奧尼索斯將他灌醉，才強行把他帶回天界。赫菲斯托斯不願回到奧林帕斯山是有理由的，若待在噴發過量男性費洛蒙的眾男神中，跛足瘸腿的赫菲斯托斯恐怕只有淪為笑柄的份，因此他寧可選擇待在埃特納火山 (Etna) 做工。

雖然外表缺陷，但赫菲斯托斯憑藉鍛造金工的高超本領，成為眾神的工匠，因此被稱為「金石鍛造的匠神」。擅長製造兵器的獨眼巨人與他志同道合，過來擔任他的得力助手，他們將埃特納火山的烈焰作為鍛造爐，相傳火山冒煙之時，就是赫菲斯托斯正在揮汗打鐵的工作日，這也使他擁有「火神」和「火山神」的封號。

赫菲斯托斯不僅擁有精湛技藝，他的創意發明更是源源不絕，靠著一技之長有接不完的訂單，埃特納火山變成生意興隆的鐵工鍛造廠，舉凡宙斯和雅典娜的神盾、信使之神荷米斯的羽翼頭盔和羽翼鞋、太陽神赫利俄斯 (Helios) 駕駛的日車、愛神邱比特的金箭鉛箭等大量神器，均由赫菲斯托斯鐵工廠出品，可說是有口皆碑品質保證。赫菲斯托斯雖是官二代和富二代，但他不是靠爸金援的新創公司掛名總監，而是真材實料的官方指定鐵工廠老闆，從而擺脫諸神對他外貌的輕蔑，在專業領域備受奧林帕斯諸神的尊重。

不只天界諸神，赫菲斯托斯在凡間同樣獲得人們的敬重。在古希臘各大製造業發達的城邦，赫菲斯托斯格外受到人們崇拜，年輕人正式加入工業組織時，必須敬拜赫菲斯托斯才算完成入會儀式。金石鍛造匠神的奮鬥勵志和高超工藝，提醒年輕人以他為榜樣，矢志成為一生懸命的專業職人。

藝術主題——匠神的藝術形象

希臘神話的赫菲斯托斯，對應羅馬神話的伏爾坎。流傳的文獻史料中，赫菲斯托斯均以跛足形象示人，以致他有時被描繪成腿部彎曲的模樣，即便不良於行，藝術中的他仍總是手握錘子和鉗子，精力充沛的敲敲打打。欣賞藝術品時，掌握以下人物特徵，即能辨識出這位「鐵工廠老闆」。

3個關鍵線索

(1) 人物形象：滿臉鬍鬚、半身赤裸的男人

(2) 識別物件：錘子和鉗子等鐵匠工具

(3) 畫面場景：打鐵爐或堆滿武器的鐵工廠

為避免自己真的太像鐵工廠勞工，赫菲斯托斯有時會綁頭巾或戴頂橢圓小帽和其他工匠做區別。

➔〈伏爾坎鍛造朱庇特的雷電武器〉(*Vulcano Forjando los Rayos de Júpiter*)
魯本斯（Peter Paul Rubens，1577～1640 年），繪於 1636～1638 年，藏於西班牙普拉多博物館

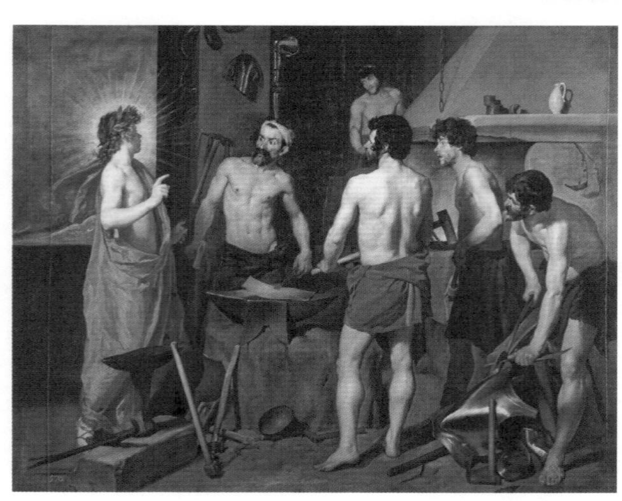

➔〈阿波羅在伏爾坎的鍛造廠〉(*Apollo in the Forge of Vulcan*)
維拉斯奎茲（Diego Velázquez，1599～1660 年），繪於 1630 年，藏於西班牙普拉多博物館

魯本斯刻意隱藏匠神的瘸腿，讓赫菲斯托斯終於有一幅英挺帥氣的男神照，感謝美圖大師魯本斯！

〈伏爾坎和火〉(*Vulcan and Fire*)
魯本斯（Peter Paul Rubens，1577～1640 年），繪於十七世紀，藏於西班牙普拉多美術館

門當戶對的破碎婚姻

——美神在匠神的鍛造廠

赫菲斯托斯成為奧林帕斯官方指定的鐵工廠老闆，宙斯甚至將最美女神阿芙蘿黛蒂指婚給他，原以為自己終於進階為神界勝利組，再也無神敢取笑他，不料到頭來他竟然只是一顆被利用的棋子。事業得意卻情路坎坷的赫菲斯托斯，是否再次淪為眾神笑柄呢？

阿芙蘿黛蒂自海上誕生後，水噹噹的盛世美顏立刻驚豔了奧林帕斯眾神！現役女神們雖然光彩動人，卻完全不及眼前這位萬年一遇美少女，眾神火速將阿芙蘿黛蒂迎回天界，並將她列為奧林帕斯山十二神中的「美神」。阿芙蘿黛蒂甜美性感，吸引想一親芳澤的「豬」位男神，天界最大咖的宙斯當然不會放過這位美女，他不管大老婆赫拉的凌厲眼神，「性」致勃勃的想和水姑娘翻雲覆雨一番。（宙斯啊～人家阿芙蘿黛蒂可是你爸割下你阿公GG變成的，你確定要嗎？）

奇怪的是，美與性的女神阿芙蘿黛蒂拒絕了宙斯。風流神王首次禮貌邀約卻慘遭拒絕（宙斯平常的約妹方式是開啟各種強取豪奪技能），但神王不愧是神王，即使顏面掛不住，還是維持紳士風度，甚至將阿芙蘿黛蒂許配給自己的兒子赫菲斯托斯。

火神兼任匠神的赫菲斯托斯擁有頂尖的金工鍛造技藝，是奧林帕斯官方指定的鐵工廠老闆，他與阿芙蘿黛蒂均位列奧林帕斯十二神，簡直就是門當戶對郎才女貌。唯一美中不足的，大概就是赫菲斯托斯長期在埃特納火山超勞工作，看起來又黑又老又醜，在一票男神中像極了不起眼的技術宅。

可惜，宙斯指定這樁婚姻的目的，根本不是為了兒子的終生幸福著想，而是出於自己的報復心態——懷恨在心的宙斯為了處罰拒絕他的阿芙蘿黛蒂，故意逼迫最美的女神嫁給最醜的男神。對不明就裡的赫菲斯托斯來說，這突如其來的天賜姻緣，簡直是美夢成真的幸運，但對阿芙蘿黛蒂而言，就如同宙斯所預期的，是場惡夢連連的折磨。

赫菲斯托斯向新娘阿芙蘿黛蒂展示他自豪的火山鐵工廠，向她炫耀自己高超的工藝技術。然而，阿芙蘿黛蒂是掌管「美」的女神，工廠內火光噴濺且髒污吵雜的環境一點都不吸引她；更讓她難以接受的是，同時身為掌管「性」的女神，居然被迫進入單一配偶制的婚姻關係，根本難以滿足她的生理需求。新婚沒多久，阿芙蘿黛蒂就和老公的親兄弟戰神阿瑞斯眉來眼去勾搭上了（這樁婚外情八卦暫且留到戰神與美神的篇章再來細說）。

天界三不五時流傳著阿芙蘿黛蒂的桃色緋聞，讓滿頭綠油油的赫菲斯托斯備受打擊。某日，雅典娜造訪匠神鐵工廠，想下單新武器，赫菲斯托斯向來欣賞擅長紡織的雅典娜，心情沮喪的他為了重振男性雄風，竟鬼迷心竅地對雅典娜性騷擾。雅典娜作為戰力滿點的女武神兼誓守貞潔的處女神，基本上沒有任何神或人敢冒犯她，既震驚又憤怒的雅典娜當場拒絕赫菲斯托斯，然而在兩人追逐的過程中，赫菲斯托斯的精液卻不小心沾到了雅典娜的腿上（咦？早洩！），被褻瀆的雅典娜感到噁心，趕緊用一簇羊毛拭去腿上的白濁液體，並把羊毛丟下凡間。說也奇怪，沾有精液的羊毛落地後，竟使大地母神蓋亞受孕，生下了厄里克托尼俄斯（Erichthonius），人美心善的雅典娜不嫌棄這羊毛小子，在她的關照打點下，長大後的厄里克托尼俄斯成為了雅典國王。

縱觀希臘神話男神史，大概沒有一位男神像赫菲斯托斯這般情路走得如此坎坷，他只好將滿腹心思寄託於事業，接下海量工作來證明自己的價值。如果某天赫菲斯托斯願意出版自己的勵志奮鬥史，他大概會在封面文案為自己寫下一段標語：「女人會背叛你，但工作不會！」

藝術主題——美神在匠神的鍛造廠

赫菲斯托斯與阿芙蘿黛蒂這對夫妻的同框畫面，常以「美神在匠神的鍛造廠（Venus at the Forge of Vulcan）」主題呈現，內容取自羅馬詩人維吉爾（Virgil，西元前七〇～前一九年）作品《埃涅阿斯紀》(*Aeneid*)的一小段描述——羅馬神話的美神維納斯要求匠神丈夫伏爾坎，為自己的兒子埃涅阿斯（Aeneas）製作盔甲，埃涅阿斯是特洛伊戰爭的英雄，逃出特洛伊後，輾轉到義大利建立新的城邦。

此類作品畫面多呈現明顯對比：色彩光線的明與暗；人物造型的美與醜、柔與剛。美神通常還帶著她與情夫戰神的私生子愛神邱比特（完全沒在隱藏，真的很不給老公面子！）。欣賞藝術品時，掌握以下關鍵線索，即能辨識此藝術主題。

✦ 3個關鍵線索

(1) 主要人物1：美神與愛神母子檔，主要判斷線索為「背長翅膀＋手拿弓箭」的男孩

(2) 主要人物2：匠神，關鍵特徵請見「匠神的藝術形象」

(3) 畫面場景：堆放武器和工具的鍛造爐或鐵工廠

十六到十七世紀法蘭德斯藝術家老揚．勃魯蓋爾是位博學的畫家，作品涉及多種流派，包括歷史事件、寓言和神話、花卉靜物、山海風景，以及天堂和地獄的想像場景。〈維納斯在伏爾坎的鍛造廠〉將重點聚焦在規模龐大的鐵工廠，描繪金工鍛造的每個階段：工人從沼澤中挖掘鐵礦石、冶煉廠從礦石中提取純鐵、錘子將鐵壓平成板、鐵工廠老闆伏爾坎將金屬塑形，最後再進入水力拋光輪研磨。

滿地金屬製品從光亮的盔甲和大砲，到精緻的杯盞和硬幣應有盡有，由這堆小山高的鐵器，可見匠神工廠爆單的硬實力！其實，這幅作品是典型的「借題發揮」，勃魯蓋爾的主題雖是神話場景，但目的是通過豐富的金工細節，展現他身處的法蘭德斯商業中心安特衛普其發達的金屬製造業、可觀的財富以及國際影響力。

〈維納斯在伏爾坎的鍛造廠〉(*Venus at the Forge of Vulcan*)
老揚・勃魯蓋爾工作坊(Workshop of Jan Brueghel the Elder,1568～1625 年)
繪於 1606～1623 年,藏於美國伍斯特美術館

➔〈維納斯和邱比特在伏爾坎的鍛造廠〉(*Venus and Cupid in the Forge of Vulcan*)
弗洛里斯（Frans Floris I，1519～1570 年），繪於 1560～1564 年，藏於德國博德博物館

匠神鐵工廠出品的諸神武器中，最具代表性的當屬宙斯和雅典娜共用的埃癸斯神盾，神盾有正反兩面，雅典娜使用的那面盾牌中央加裝蛇髮女妖梅杜莎的頭顱。這面盾牌具高辨識度，常出現在「匠神鍛造廠」的藝術品中。

←〈維納斯在伏爾坎的鍛造廠〉(*Venus in Vulcan's Forge*)
斯普蘭格（Bartholomeus Spranger，1546～1611 年），約繪於 1610 年，藏於奧地利維也納藝術史博物館

Chapter 8

戰神——阿瑞斯

01 人間煉獄的血腥化身

——戰神的藝術形象

阿瑞斯小檔案

希臘名	阿瑞斯 (Ares)
羅馬名	馬爾斯 (Mars)
神　職	戰神
聖　物	長矛與戰盔、戰車、獵犬、野豬

沒有人喜歡戰爭，所以沒有人喜歡戰神阿瑞斯，更何況他不問是非對錯、不顧勝敗輸贏，只單純享受戰場血染的暴力。象徵死亡的冥王黑帝斯或許不是受歡迎的神祇，但代表戰爭的阿瑞斯更為古希臘人所厭惡，一位神祇被唾棄如此，是真的那麼討人厭嗎？

阿瑞斯是神王宙斯與天后赫拉的長子，作為奧林帕斯皇室的大王子，他繼承神界最強基因，天生體魄魁梧壯偉、相貌英氣挺拔。先天遺傳雖占盡優勢，可惜皇室家族忽略了後天家庭教育的重要性，當父王大部分時間在外偷情、母后大部分時間在外抓姦，從小在父母爭執中長大的阿瑞斯，大概深受雙親性情中偏執暴怒的影響，發展出衝動暴力的個性，喜歡在殘酷的戰場上逞凶鬥狠，因此成為「戰爭之神」。

被封為戰神的阿瑞斯，在古希臘詩人荷馬《伊利亞德》被形容成一名百戰不厭的戰士，戰場上的阿瑞斯通常徒步與對手肉搏近戰，有時會駕駛四馬戰車馳騁沙場，只要他一經過，戰場隨即血流成河，等於是人間煉獄的化身。

照理來說，阿瑞斯該是攻無不克的常勝軍，庇佑將士打贏每場戰爭，然而他卻徹底顛覆我們對戰神的期待！阿瑞斯的驍勇好戰的確示範了贏得戰功必備的武力和勇氣，也象徵了戰爭的殘暴和血腥，但他缺乏制霸戰場最重要的關鍵：正確判斷戰局的智慧。阿瑞斯將戰爭視為格鬥遊戲，不問是非對錯只問拳頭大小，與其恭敬稱呼他一聲戰神，倒不如說他是血氣方剛整日喊打喊殺的街頭混混更恰當，而衝動惹戰的後果常使他蒙受羞辱。

相較之下，他同父異母的姊妹智慧女神雅典娜更像眾人期待的戰神，她除了高強的武力值之外，更擁有全盤的軍事戰略，若阿瑞斯與雅典娜雙神決戰沙場，阿瑞斯只能等著被狠狠修理一番。在特洛伊城與希臘聯軍開打的特洛伊戰爭中，阿芙蘿黛蒂說服阿瑞斯站在特洛伊陣營，而支持希臘聯軍的媽媽赫拉和雅典娜，就曾多次把他打得丟盔卸甲。沒想到，落荒而逃的阿瑞斯居然還哭啼啼向爸爸宙斯告狀，宙斯雖然同樣支持特洛伊陣營，但看著眼前被尊為戰神的大兒子竟如此沒用，氣得大罵他不該拋下戰場！戰神果然慘敗，特洛伊城慘遭大火焚毀，由希臘聯軍取得了最終勝利。（宙斯光顧著教訓兒子，也不想想自己被老婆赫拉迷昏，害得戰爭局勢翻盤。宙斯的昏迷原因請看〈奧林帕斯的王室愛情〉。）

阿瑞斯被塑造成如此不堪的形象，甚至遭到眾神眾人豬狗嫌，這與創造神話的古希臘人有很大關係。古希臘人崇尚理性，致力文明發展，這點由雅典娜的崇高地位可見一斑，她曾在雅典城之爭智取海王波賽頓，所以屢次戰勝阿瑞斯一點也不意外。

古希臘人不歡迎非理性的原始暴力，但羅馬人就不同了！阿瑞斯對應羅馬神話的戰神馬爾斯起初是植物之神，亦是牲畜、農田與農夫的守護神，後期才逐漸成為戰爭的象徵。隨著羅馬帝國的武力擴張，馬爾斯備受羅馬軍團崇敬，在古羅馬宗教裡被賦予更重要和更有尊嚴的地位，重要度僅次於羅馬神王朱庇特，可說是大大漂白了希臘時期的黑化形象。所以說人無須完美，只要堅強活著，就一定能找到懂得欣賞你的人，就某方面而言，阿瑞斯的生命歷程也算頗為勵志的。

藝術主題——戰神的藝術形象

希臘神話的阿瑞斯，對應羅馬神話的馬爾斯，標準形象一定要威武強悍。在文藝復興和古典主義的藝術品中，戰神穿戰盔天經地義，即便裸體露出大胸肌，也必戴頭盔，展現勇者無敵的男子漢氣概。欣賞藝術品時，掌握以下人物特徵，即能辨識出這位「戰爭之神」。

✦ 2個關鍵線索

(1) 識別穿搭：身穿鎧甲、頭戴頭盔的壯碩男人（就算裸體光溜溜，也一定會戴頭盔和穿鞋子）

(2) 專屬神器：盾牌、長劍或長矛

頭盔是戰神必備的護身武器（畢竟保護腦袋很重要），但這頂五彩羽毛頭盔未免太過華麗，戰神不像要去衝鋒陷陣，比較像要去參加宮廷舞會。

〈馬爾斯和邱比特〉(*Mars with Cupid*)
桂爾契諾（Guercino，1591～1666 年），繪於 1649 年，藏於美國辛辛那提美術館

戰神坐在床緣，隨意用被單遮住重要部位，他肚皮下垂兩層，不見昔日的緊實腹肌。此畫雖命名為「休息的戰神」，但更像是「退休的戰神」。

〈休息中的馬爾斯〉(***Mars Resting***)
維拉斯奎茲（Diego Velázquez，1599～1660 年），約繪於 1638 年，藏於西班牙普拉多博物館

登記在冊的婚外情史

——被匠神驚嚇的美神與戰神

幸運的人用童年治癒一生，不幸的人用一生治癒童年。阿瑞斯在雙親猜忌爭執的家庭環境中成長，形成他暴力易怒的個性，眾神不喜與他交流，凡人避之惟恐不及，只有掌管美麗與性慾的阿芙蘿黛蒂接納他，但稍等一下，阿芙蘿黛蒂不是早就嫁給赫菲斯托斯了嗎？

全宇宙沒有任何雄性生物能不迷戀於阿芙蘿黛蒂的美，阿瑞斯第一眼見到阿芙蘿黛蒂就被迷惑了，向來只談論暴力美學的他，突然發現世上竟存在著極致純粹的美麗。然而，阿芙蘿黛蒂被指婚給了赫菲斯托斯，赫菲斯托斯是他同樣位列奧林帕斯十二神的兄弟，但阿瑞斯發自內心覺得他配不上她！

阿芙蘿黛蒂是掌管美麗與性慾的女神，赫菲斯托斯的殘缺外貌與她無法匹配，她跟隨自己的天命任「性」而為，向她求歡的男神多如過江之鯽，而她從不吝嗇分享她的美麗，風流一夜情不斷，男神互稱表兄弟，正宗「男神收割機」始祖。其中，阿芙蘿黛蒂最穩定的偷情對象，正是她老公的親兄弟阿瑞斯！

阿瑞斯在戰場上冷酷無情的與敵人們廝殺，在情場上也不留情面的給親兄弟戴綠帽。阿瑞斯與阿芙蘿黛蒂的婚外情持續了好一段日子，傳得沸沸揚揚諸神皆知，但赫菲斯托斯卻一直苦無抓姦在床的證據。

偷來暗去的地下情終究是藏不住的，某天，太陽神赫利俄斯駕駛日車在天上執勤，親眼目擊阿瑞斯和阿芙蘿黛蒂正在偷情幽會，便快馬加鞭繞到匠神鐵工廠通風報信。赫菲斯托斯沮喪鬱悶，雖然早就懷疑妻子的不貞，但流言蜚語畢竟不是事實，如今天界同僚證實這件醜聞，只好親自去收拾這件家醜。

赫菲斯托斯立刻帶著準備好的青銅網，來到線民舉報的偷情處，無預警地破門而入，撒網套住床上這對偷情男女。這張網的線絲比蜘蛛網還細、硬度比鋼筋還強，天羅地網讓阿瑞斯和阿芙蘿黛蒂無所遁形，當場被抓姦在床。赫菲斯托斯將這對被網子纏住的赤裸男女，一路拖回奧林帕斯山接受諸神公審。

愛八卦的奧林帕斯眾神看到這幕簡直樂壞了，你一言我一句品頭論足，居然還有男神喧鬧：「為什麼網子裡的男神不是我？」可見阿芙蘿黛蒂的魅力真是無人可擋！至於原本打算讓偷情男女洗門風的赫菲斯托斯，見到眾神歪樓擺錯重點，也只能悻悻然回去他的火山鐵工廠了。

希臘神話後期和羅馬神話中，阿瑞斯和阿芙蘿黛蒂生了愛神厄洛斯（等同大名鼎鼎的羅馬愛神邱比特）等一群孩子。在眾神眾人瞧不起阿瑞斯的時候，阿芙蘿黛蒂始終陪伴著他，也只有在她的懷抱裡，阿瑞斯才能感受到平靜，而他倆的結合不單是希臘神話的嗑瓜八卦，而是象徵一個重大意義：「愛情會征服戰爭」。

火星男人與金星女人

美國作家兼關係顧問約翰．葛瑞（John Gray）著作的書籍 *Men Are from Mars, Women Are from Venus*，翻譯為《男人來自火星，女人來自金星》。在天文學上，「火星」的英文名"Mars"正是取自羅馬戰神馬爾斯的大名，其天文符號「♂」則是戰神的弓箭，同時也是「雄性」的醫學符號；至於「金星」的英文名"Venus"取自羅馬愛神維納斯的芳名，其天文符號「♀」代表女神的手拿梳妝鏡，同樣是「雌性」的醫學符號。

書名取得巧妙，書中內容主要在傳達男女面對同一件事時，兩性的思考模式、處理方法、抗壓能力差異極大，就像來自不同星球般難以對話。但人際關係中的溝通障礙，到底是「性別」還是「個體」差異所致呢？單純的二分法已無法符合關心 LGBTQ 族群的時代，相信我，與其煩惱不知如何與來自金星或火星的異性相處，不如除去性別隔閡，坦承面對他人，這絕對有助你躲過水星逆行！（金星火星都無所謂，其實最麻煩的是水逆吧！）

藝術主題——被匠神驚嚇的美神與戰神

阿芙蘿黛蒂與阿瑞斯的外遇新聞，不僅是奧林帕斯諸神的嗑瓜八卦，還成為文藝復興時期的熱門藝術主題，表面在警告外遇的危險，但瀏覽眾家藝術品，總覺藝術家是在盡情發揮他們的趣味想像，將原本緊張的抓姦時刻，上演成高潮迭起的八點檔。若看到「疑似抓姦」或「抓姦在床」的場景，極有可能在描繪這段婚外情。欣賞藝術品時，掌握以下關鍵線索，即能辨識此藝術主題。

4個關鍵線索

(1) 主要人物1：阿芙蘿黛蒂，白皙裸體美女

(2) 主要人物2：阿瑞斯，身穿鎧甲或頭戴頭盔的男人，與(1)進行親密行為

(3) 主要人物3：赫菲斯托斯，檢查女人身體或拿著網子的老男人

(4) 其他人物：長翅膀的小愛神、看熱鬧的眾神

阿芙蘿黛蒂、阿瑞斯與赫菲斯托斯的三角戀，最有名也最有趣的畫作應屬丁托列托的作品〈被伏爾坎驚嚇的維納斯與馬爾斯〉。丁托列托是文藝復興晚期威尼斯畫派最後一位偉大畫家，畫中戲劇性的光線效果，使他成為巴洛克繪畫藝術的先驅。

丁托列托取材阿芙蘿黛蒂與阿瑞斯的偷情故事，卻自行加了一場鬧劇——赫菲斯托斯突襲老婆閨房，一瘸一拐的走過來檢查阿芙蘿黛蒂的身體，原想確認是否殘留偷情後的餘韻，但老婆大人實在太美，赫菲斯托斯盯著她的下體就不小心散神了，完全沒注意腳邊小狗正對著鑽進桌底的小王阿瑞斯吠叫。赤裸躺在床上裝無辜的阿芙蘿黛蒂，一臉不耐的看著既老又醜的丈夫，而全程目睹一切的小愛神，卻躺在隔壁的搖籃裝睡不想面對。

原以為赫菲斯托斯確認過後便會離開，但若仔細觀察畫中的圓形掛鏡，咦~赫菲斯托斯的雙腳怎麼都爬上床了！這正是丁托列托的惡趣味，鏡中世界要不是反映赫菲斯托斯的真實性慾，要不就是預告本畫作接下來會發生十八禁兒童不宜的畫面！

〈被伏爾坎驚嚇的維納斯與馬爾斯〉(*Venus and Mars Suprised by Vulcan*)
丁托列托（Tintoretto，1519～1594 年），繪於 1555 年，藏於德國慕尼黑老繪畫陳列館

➔ 匠神高舉黑科技打造的青銅網，準備逮住這對偷情男女，腎上腺素飆高的匠神健步如飛，克服了不良於行的缺陷。

〈被伏爾坎驚嚇的維納斯與馬爾斯〉(*Mars and Venus, Surprised by Vulcan*)
博爾多內（Paris Bordone，1500～1571 年），繪於 1549～1550 年，藏於德國柏林畫廊

← 雖然套住了偷情男女，但匠神露出一副想要加入的微妙神情。

〈被伏爾坎驚嚇的馬爾斯與維納斯〉(*Mars and Venus Surprised by Vulcan*)
古勒莫特（Alexandre-Charles Guillemot，1786～1831 年），繪於 1827 年，藏於美國印第安納波利斯藝術博物館

抓姦抓到一群眾神圍觀，看完本書後你能認出幾位呢？

〈伏爾坎驚嚇維納斯與馬爾斯〉(*Vulcan Surprising Venus and Mars*)
海斯（Johann Heiss，1640～1704 年），繪於 1679 年，私人收藏

Chapter

9

愛神——厄洛斯／邱比特

射後不理的天界小屁孩

——愛神的藝術形象

本篇沒有十八禁內容，標題只是如實描述一個小屁孩手持弓箭亂射、射中被害人隨即開溜的中二行徑（有時會躲在現場邊偷看邊竊笑）。這令人頭痛的小屁孩，偏偏生得天真可愛，加上無人能擋的愛情神力，使他成為情人節代言人，但凡歌頌愛情的詩篇、巧克力的包裝，乃至汽車旅館的招牌都能見到他的身影——他正是希臘神話的愛慾之神厄洛斯，對應羅馬神話的愛神邱比特。

邱比特小檔案

希臘名	厄洛斯 (Eros)
羅馬名	邱比特 (Cupid)
配　偶	賽姬 (Psyche)
神　職	愛情與情慾之神
聖　物	弓、箭、愛心、翅膀

從希臘神話過渡至羅馬神話，愛神大概是形象變化最大的神祇。根據古希臘詩人赫西俄德的《神譜》，愛神厄洛斯是繼象徵混沌的卡俄斯、大地母神蓋亞、地獄塔耳塔羅斯之後，第四位出現的原始神。厄洛斯象徵最原始的性慾，代表宇宙間純粹的催生力，任何神靈都無法抗拒她的力量：蓋亞在她的催生下，自體繁衍萬物；天空神烏拉諾斯亦是受到她的催情，不分日夜和蓋亞做愛，進而衍生出後來的諸神大亂鬥。

人們畏懼厄洛斯的強大威能，漸漸將其歸附於同屬性的愛與美神阿芙蘿黛蒂，讓他從原始神降格成阿芙蘿黛蒂與戰神阿瑞斯偷情所生的兒子，形象也隨之轉變成十來歲的青少年。厄洛斯雖具有使人們瞬間墜入愛河的力量，但受到母親阿芙蘿黛蒂約束，大部分的行為是在媽媽的授意下發生，再也不會無差別散播愛慾的神力了。

時至希臘神話後期，阿芙蘿黛蒂與阿瑞斯生了一群兒子，他們天生帶有美神媽媽的愛慾神力，統稱為「厄洛特斯(Erotes)」。這群兒子就像偶像男團般，由年輕且英俊的青少年組成，背上均長著一對翅膀，各自擔當不同的愛情屬性，除了原本代表性慾與愛情的厄洛斯，還有單戀之神安忒洛斯(Anteros)、情話和甜言蜜語之神赫蒂洛葛斯(Hedylogos)、婚禮之神海門納埃斯(Hymenaios)等。然而，即使有媽媽的管教，青少年畢竟處於不受控的年紀，難免濫用自身力量，玩弄神祇與人類的愛情，造成一團亂的情感糾葛，因此被視為具威脅性的邪氣角色。

時間繼續推移到羅馬時代，古羅馬人認為希臘神話的厄洛斯美麗又危險，他們務實的民族性格選擇再次將他降格，幼化成調皮搗蛋的白胖男童邱比特（希臘語的厄洛斯，意同拉丁語的邱比特），最終定調為我們現今所熟悉的愛神形象——背部一對翅膀、手拿一副弓箭，金箭射入人心會產生愛情，鉛箭射入人心產生憎惡，當他彎弓搭箭瞄準目標，就代表有人即將陷入無可自拔的愛情風暴。

邱比特除了私人恩怨（例如光明神阿波羅曾嘲笑他的箭術，他當場賞阿波羅一支金箭，讓阿波羅愛上恐男症的達芙妮，請看〈初戀情人慘變植物人〉），他大部分是在媽媽維納斯的授意下，才會拍拍小翅膀，下凡找媽媽指名的對象放箭，射完箭就拍拍翅膀閃人，彷彿世間愛恨情仇與他無關，完全就是標準的「射後不理」小壞蛋，偏偏他模樣可愛討喜，大家也只能又氣又笑的說：「邱比特又在惡作劇了！」

天界小屁孩 aka 情人節代言人邱比特的前身是希臘原始神厄洛斯 (Eros)，代表原始的性慾，由此衍生出一系列與情慾、性慾有關的英文單字，包含 erotic（性愛的、色情的、好色的）、erotica（色情書畫）、eroticism（色情性）、erotomania（情愛妄想症）

等。他在人類記憶的傳承下越活越年輕，如同神話版《班傑明的奇幻旅程》(*The Curious Case of Benjamin Button*)，形象多變正如愛情本身，既複雜又專一，令人自私也願成全。

藝術主題——愛神的藝術形象

西洋藝術將胖嘟嘟的裸體小男孩造型稱作"putto"，即「裸童」之意，常見於文藝復興時期至十八世紀的藝術表現。在基督藝術中，背長翅膀的裸童代表著神聖的小天使；在古典神話藝術裡，則代表著愛神邱比特。要特別注意的是，藝術家有時以「裸童」，有時以「青少年」的形象描繪愛神。欣賞藝術品時，掌握以下人物特徵，即能辨識出這位「天界小屁孩」。

✦ 2個人物特徵

(1) 人物形象：背長翅膀的裸體男童／青少年

(2) 專屬神器：弓箭

單純的無知有時比純粹的邪惡更可怕，邱比特越是年幼稚嫩，手中弓箭越顯失控危險，這種不協調感或許正是邱比特的反差魅力之一。

🅞〈邱比特的勝利〉(*Cupid as Victor*)
卡拉瓦喬（Caravaggio，1571～1610 年），繪於 1601 年，藏於德國柏林畫廊

🅞〈少女抗拒厄洛斯〉(*Jeune Fille se Défendant Contre Éros*)
布格羅（William-Adolphe Bouguereau，1825～1905 年），約繪於 1880 年，藏於美國蓋帝中心

🡡〈維納斯與邱比特〉(*Venus and Cupid*)
弗洛里斯（Frans Floris I，1519～1570 年），繪於 1560 年代，藏於瑞典哈爾威博物館

🡡〈馬爾斯、維納斯與邱比特〉(*Mars, Venus and Cupid*)
老帕爾馬（Palma Vecchio，1480～1528 年），繪於 1520 年，藏於英國威爾士國家博物館

天界熊孩子的花式管教

——維納斯與邱比特／時間老人與邱比特

愛神形象一路幼化，最終定型為長著一對翅膀的可愛小男孩。這種演變代表人類隨著文明演進，理智逐漸覺醒的過程：比起任憑原始性驅力的暴衝，人們更傾向掌控愛慾的主導權。然而，人生在世誰能無愛，愛情卻是世上最易失控的東西，為愛而生的人讚頌邱比特、為情所苦的人惱怒邱比特，大家被他搞得心煩意亂，有誰可以來管管這頭天界熊孩子嗎？

【管教者1】當女神成為老娘的維納斯

希臘神話後期至羅馬神話，愛神邱比特歸附於同樣執掌性慾的維納斯，降格成為維納斯與馬爾斯這對神仙父母的兒子，因此邱比特的教養任務主要交由美神媽媽來負責。照顧幼童的父母常處於理智崩潰邊緣，尤其家中有個會拿弓箭射人的熊孩子，更是面臨前所未有的管教困擾。古早可沒有什麼「愛的教育」，新手爸媽忍耐到極限，往往直接給他揍下去。

藝術主題——維納斯與邱比特

藝術家真的很有事，他們想像神仙父母對邱比特的管教，除了基本款的碎念連發，居然還有家暴虐童！因此在古典繪畫中，不乏出現維納斯花式暴打孩子的畫面，藝術家有時為了維護維納斯的柔美形象，會改用玫瑰或樹枝抽打邱比特；但爸爸馬爾斯就不同了，軍事化管教兒子毫不手軟，抄起鞭子就是一頓狠抽。

雖然有些虐童畫面過分兇殘，看得畫面外的我們都想報警，但這類畫作其實多帶有警世寓意，提醒世人應嚴加管束不理智的情慾衝動。欣賞藝術品時，掌握以下關鍵線索，即能辨識此藝術主題。

愛神家族的日常生活充斥著維納斯媽媽的口頭申誡。（維納斯：要我說幾次？把箭收好！）

〈維納斯與邱比特〉(*Venus and Cupid*)
范德維爾夫（Adriaen van der Werff，1659～1722年），繪於1716年，藏於英國華勒斯典藏館

✦ 3個關鍵線索

(1) 主要人物1：邱比特，背長翅膀、帶著弓箭的裸體小男孩

(2) 主要人物2：維納斯，打罵邱比特的女人

(3) 主要人物3：馬爾斯，打罵邱比特、身穿鎧甲的男人

面對一再犯錯的熊孩子，維納斯的理智線徹底斷裂，揍人的狠勁連自己的聖鳥白鴿都嚇得準備逃走。（維納斯：叫你收好不收好，又給我到處闖禍！）

〈維納斯鞭打邱比特〉(*Venus Chastising Cupid*)
范比耶勒特（Jan van Bijlert，1597/1598～1671 年），繪於 1628 年，藏於美國休士頓美術館

馬爾斯用力壓制被蒙眼的邱比特，似乎要以手上繩索綑綁他，此幅畫面雖然兇殘，其實隱含著「努力壓制盲目愛情」的深刻意義。

〈被鞭打的邱比特〉(*Cupid Chastised*)
曼弗雷迪（Bartolomeo Manfredi，1582～1622 年），繪於 1605～1610 年，藏於美國芝加哥藝術機構

【管教者2】翅膀老前輩時間老人柯羅諾斯

神仙父母心累，隔壁棚愛管閒事的老阿北就會跳出來幫忙。作為神族少數的翅膀角色，時間老人有時也會出手教訓不受控的小屁孩。他最常使用的管教技能，就是拿他原本用來收割稻作或閹割陽具的大鐮刀或剪刀，修剪邱比特的羽翼，警告邱比特不要以為翅膀硬了就可以任意撒野。

藝術主題——時間老人與邱比特

但凡有時間老人出現的藝術品，多半帶著時間流逝、真理與死亡等警示寓意，因此時間老人教訓邱比特的畫作同樣寄有寓意，隱喻時間會沖淡人們的愛情，提醒失戀男女切勿留戀已逝的感情，或愛情經不起時間磨練等諸如此類的悲觀愛情論。欣賞藝術品時，掌握以下關鍵線索，即能辨識此藝術主題。

✦ 2個關鍵線索

(1) 主要人物1：邱比特，背長翅膀的裸體小男孩

(2) 主要人物2：時間老人，背長翅膀、手拿鐮刀或剪刀的老男人

你們新手爸媽沒經驗，讓阿北來教你們帶小孩～

〈柯羅諾斯、馬爾斯、邱比特和維納斯〉(*Chronos, Mars, Cupid and Venus*)
桂爾契諾（Guercino，1591～1666 年），藏於俄羅斯艾爾米塔什博物館

⇧ 偶沒聽過什麼愛的教育，小孩不乖就是要修理啦！

〈柯羅諾斯修剪邱比特的翅膀〉(*Chronos Clipping the Wings of Cupid*)
范戴克（Anthony van Dyck，1599～1641 年），約繪於 1640 年，藏於瑞典國立博物館

⇧ 安捏剪一剪，小朋友以後才不會亂飛亂闖禍，相信阿北準沒錯！

〈時間老人修剪邱比特的翅膀〉(*Time Clipping Cupid's Wings*)
米納德（Pierre Mignard I，1612～1695 年），繪於 1694 年，藏於美國丹佛美術館

情場渣男之六大撩妹套路

——邱比特與賽姬

明明把天上人間攪和成慘烈的愛情修羅場，邱比特卻愛賣萌裝無辜，各種背後放箭的行為根本典型渣男。不過，出來混遲早要還的，邱比特本尊的愛情故事出自西元二世紀的羅馬作家阿普留斯（**Apuleius**）著作的《變形記》（*Metamorphoses*，又稱《金驢傳奇》），關於這場戀愛，簡單來說就是情場渣男之六大撩妹套路的教科書範本。

很久以前，某位希臘國王和王后生了三名女兒，小女兒賽姬清麗絕俗，超高顏值備受鄉民愛慕，鄉民讚嘆賽姬的美麗令維納斯相形失色，他們甚至不再去神廟祭拜維納斯，任其荒廢破敗。鄉民的舉動惹怒了維納斯，她命令兒子邱比特向賽姬射出愛神箭，懲罰這名凡間女子愛上「全天下最邪惡、最可恥的怪物」。（等等……阿姨妳是不是搞錯懲罰對象了？）

邱比特收到媽媽的指令，便拍拍翅膀下凡執行任務，但當他找到賽姬時，卻當場愣住了——邱比特見過無數女神，全不及眼前這位自帶仙氣的美少女，賽姬完全是他的天菜，他彷彿被自己的金箭深深射進心裡。現在的他，滿腦子只想著如何違抗媽媽的掌控，好好料理這顆天菜。

撩妹套路1：隔離情敵＋直攻父母

說來奇怪，賽姬明明有眾多仰慕者，但鄉民只把她當偶像打卡點，瞻仰過她的美貌後隨即歡喜離去，從未有男子向她求婚。這讓國王與王后相當煩惱，賽姬的姊姊們都出嫁了，怎麼最搶手的賽姬卻一直小姑獨處呢？

國王親自到最靈驗的德爾菲阿波羅神廟祈求，卻得到可怕的神諭：「賽姬命中注定的丈夫是條有翼大蛇，眾神都不是牠的對手。大蛇已在石山頂峰等她，不要違抗命運，趕緊將她送過去吧！」晴天霹靂的國王將神諭帶回皇宮，眾人不敢違抗神諭，只好將賽姬梳妝打扮送出宮。整趟送親隊伍哀戚的彷如送葬，當隊伍抵達石山頂峰後，眾人也只能傷心地留下新娘獨自面對不可知的命運了。

殊不知，這一切全是邱比特的刻意安排！他先施展神力，阻擋所有仰慕者對賽姬的追求，再苦苦哀求預言神阿波羅降下假神諭，讓賽姬父母主動將她送到指定地，方便他打包帶走。

撩妹套路2：禮物攻勢+溫柔呵護

賽姬獨自在荒涼的山頂上，害怕地等待她那恐怖的大蛇丈夫，並為自己的悲慘遭遇默默掉淚。等了許久，大蛇始終沒有出現，反倒是西風之神澤費羅斯（Zephyrus）將她輕柔托起，飛往一處神祕仙境。

賽姬落地後踩著柔軟青草，沿著明亮小河，來到了一座華麗宮殿。她走進宮殿，發現殿內全無人跡，只聽見一個溫柔聲音告訴賽姬，這座宮殿是她的丈夫為她而建，殿內備妥美酒佳餚、鑽石華服、浴池SPA供她盡情享用。看著眼前的頂級排場，就連貴為一國公主的賽姬也怦然心動，但她仍難掩心中不安，她有預感，天一黑，怪物就會現身。

深夜時分，宮殿燈火突然熄滅，賽姬知道怪物就要來了，她在黑暗中繃緊神經，卻感覺身旁出現一位男子的氣息。這位男子正是邱比特，他低語安撫賽姬，那溫柔的嗓音讓賽姬不再恐懼，賽姬瞬間明白，她的丈夫絕不是怪物，而是她等待已久的情人。邱比特將她抱上床，他們激情擁吻，身體交纏，彷彿世界只剩下彼此的心跳和體溫。

隔天早晨，賽姬朦朧醒來，發現丈夫已經離開；到了夜晚，丈夫再次出現與她同床交歡。如此一段時間，賽姬明白了潛規則：她的丈夫不願曝光自己的真實身分。賽姬認為作為妻子的她不應有所懷疑，小倆口就以這種相處模式，享受了一段甜蜜時光。

撩妹套路3：勿緊迫盯人＋勿擋姊妹聚會

雖然夜晚有丈夫的陪伴，但悠長白日獨守空閨，還是讓賽姬感到寂寞，她很想念兩位親姊姊，因此央求丈夫邀請姊姊們來宮殿作客。邱比特百般不願，因為這會增加賽姬被維納斯發現的風險，但他不忍賽姬失望，只好勉強答應，再三告誡她不要聽信謠言，也不要試圖偷看他的長相，否則他們就必須分離。

不久之後，西風之神便將姊姊們載來宮殿與賽姬團聚。原本擔心賽姬的姊姊們，看到她過著住豪宅穿禮服喝粉紅香檳的新生活，內心憂慮立刻轉為羨慕忌妒恨。姊姊三姑六婆七嘴八舌，挑撥賽姬和她那不見光的丈夫，輪番恐嚇賽姬：「別忘了德爾菲神諭！妳老公一定是怪物，遲早會現出原形殺了妳！」她們甚至建議賽姬備妥利刃和油燈，當晚就先下手為強殺死怪物丈夫。

撩妹套路4：分手是為走更遠的路（↑險招請注意！）

耳根軟的賽姬聽信姊姊們的話，把丈夫的叮嚀遠拋腦後。當晚，賽姬趁丈夫熟睡，手握利刃，提著油燈，瑟瑟發抖地照亮丈夫的臉龐。這一看，賽姬當場愣住，丈夫不僅不是一條大蛇，還是她的理想型歐巴！賽姬痴迷的盯著他，沒注意到滾燙的燈油竟滴到丈夫身上，將他從夢中驚醒。

邱比特看見油燈，又看見賽姬手上的利刃，知道她沒有遵守夫妻諾言，失望的嘆道：「愛神無法在懷疑裡生活。」便頭也不回的飛走了。賽姬嚇得癱坐在地，為丈夫居然是愛神邱比特感到震驚，更為自己的背叛感到羞恥，千思萬緒縈繞腦海（賽姬：我老公好帥、我做錯了、但我老公真的好帥、我好羞恥……）。賽姬發誓，無論付出什麼代價都要挽回邱比特的心。

撩妹套路5：經得起考驗的愛才是真愛

賽姬漫無目的尋找邱比特，並向眾神誠心祈禱，但眾神不想得罪維納斯，無神伸出援手。為情所苦的賽姬明白，解鈴還須繫鈴人，只好親自去維納斯神廟祈求，希望能平息女神的妒火。維納斯得知她那沒用的兒子，不僅沒乖乖執行任務，甚至愛上賽姬，新仇舊恨全湧上來，決定把這未過門的媳婦賽姬往死裡整。

惡婆婆維納斯丟給賽姬的第一道難題，是給她一堆混雜的穀物種子，命令她在一晚的時間內，將種子分門別類挑揀出來。賽姬知道這項工作辛苦且無意義，純粹是惡婆婆的霸凌，但她為了得到原諒，只好低頭彎腰仔細挑揀。眾神冷眼旁觀之際，賽姬卻得到田野最小的昆蟲的同情——一大群螞蟻分工合作，效率驚人的將小麥、大麥、高粱等穀物種子分類好，順利完成維納斯的任務。

維納斯見賽姬完成挑戰，內心十分不爽，隔天又出了第二道難題，命令賽姬去拔金羊毛。金羊平日棲息在河邊灌木叢吃草，但牠們兇惡難馴，柔弱的賽姬沒勇氣靠近牠們，只能躲在河邊啜泣。這時，腳邊突然傳來一個微弱聲音，賽姬低頭一看，居然是一根蘆葦在對她說話。蘆葦悄聲指點她耐心等待，等羊群離開灌木叢到河岸休息，再鑽進灌木叢，拿走被荊棘勾到的金羊毛。賽姬按照指示，果然成功取出金羊毛，再次完成維納斯的任務。

維納斯接下金羊毛後依然不滿意，這次丟給賽姬一個水壺，命令她到冥河斯提克斯河 (Styx) 的源頭取水。斯提克斯河源頭是座高聳的黑色瀑布，由一頭巨龍看守，若不小心失足，就會跌入無底的冥界深淵。正當賽姬徬徨無助時，突然有隻大老鷹飛來叼走她手中的水壺，並躲過巨龍的猛烈攻擊，將裝滿水的水壺還給賽姬。（看到這裡，我相信賽姬一定和其他迪士尼公主們一樣都有動植物溝通師執照。）

其實維納斯從一開始就不打算原諒賽姬，三項任務完成後依然不罷手，居然命令她一介凡人，去冥府找冥后波瑟芬妮討青春靈藥。冥府是人類亡靈的最終歸所，除了冥王冥后和信使之神荷米斯，根本無人知曉冥府的正確位置。（就連位列奧林帕斯十二神的狄蜜特也不知道，當初為了尋找被抓去冥府的女兒，走遍天涯海角依然沒有找到）。

通往冥府的路途困難重重，但賽姬關關難過關關過，等她千辛萬苦終於見到冥后，轉達維納斯的需求後，冥后爽快的給了她一只裝有青春靈藥的盒子。賽姬帶著得來不易的保養品返回陽間，半路上禁不住好奇心打開了盒子，突然一陣睡意襲來，原來盒中之物竟是睡魔，賽姬就這麼倒在地上沉沉睡著了。（原來青春靈藥就是美容覺，愛美女性請注意睡眠品質。）

撩妹套路6：抓準復合時機＋在關係中學會原諒

思念總在分手後，邱比特雖然主動提分手，但他愛得濃烈，幾天不見賽姬便度日如年般煎熬，四處尋覓賽姬芳蹤，終於在冥府通往陽間的路上，發現了沉睡的賽姬。

邱比特將睡魔從賽姬眼皮抹去，賽姬緩緩甦醒，看到眼前的邱比特感動不已，心中的愛慕與慚愧同時拉扯，她希望自己的付出能感動他，原諒她犯下的愚蠢錯誤。邱比特早就原諒心愛的賽姬，為了防止媽媽維納斯繼續找媳婦的麻煩，他直接飛到奧林帕斯山，請求神王宙斯成全他和賽姬的姻緣。

宙斯答應邱比特的請求，讓小倆口在眾神見證下結婚，並賜給賽姬瓊漿玉飲，助她脫離凡間肉身，獲得不朽永生。有這位大咖證婚人，維納斯也不好多說什麼，從此邱比特與賽姬這對夫妻過著幸福快樂的日子，真是可喜可賀！

賽姬是精神病患？

賽姬的結局是喝下瓊漿玉飲，使靈魂脫離肉身凡胎，化作不朽的神祇，而賽姬的古希臘文原意為「靈魂」，後來則衍生成「蝴蝶」之意。究其原因，古希臘人認為肉體是靈魂的累贅，肉體的死亡可使靈魂自由，就好比脫胎於毛蟲的蝴蝶，能夠自由展翅飛翔。

正因這緣由，賽姬(Psyche)之名衍生出一系列與心靈、心理、精神相關的英文單字，包含psychology（心理學）、psychologist（心理學家）、psychiatry（精神病治療、精神病學）、psychiatrist（精神科醫師、精神病學家）、psychotherapy（精神療法、心理療法）。

的確，象徵靈魂的賽姬實在該去身心精神科接受諮詢，她與邱比特的戀愛故事，根本是歹徒監禁少女的社會案件，被害者賽姬對加害者邱比特產生情愫，甚至與加害者互相認同的心理，顯然是「斯德哥爾摩症候群」的典型徵兆。這段浪漫愛情包裝的恐怖故事，後來被改編成另一個更有名的童話版本《美女與野獸》，知書達禮的氣質女主角貝兒，其實是另一位斯德哥爾摩症候群受害者。

撇開這層精神鑑定，單就文學分析而言，普遍傾向將這則愛情故事解讀成不相稱的戀人：邱比特代表肉體層面的性慾，以及永生的神祇VS賽姬代表精神層面的靈魂，以及必死的凡人。不相稱的戀人或不對等的戀愛關係，往往需要經過多重磨難，才能通往靈肉結合的幸福結局。回顧這段感情所謂的「多重磨難」，其實根本就是邱比特設下的「撩妹套路」，讓賽姬一步步陷入愛情而渾然不知，最終死心塌地為他經歷磨難，而這段感情修成正果的過程正呼應網路金句：「自古深情留不住，唯有套路留得住」。果然，感情除了真心，還得要有愛情三十六計的心機啊！

藝術主題——邱比特與賽姬

邱比特與賽姬浪漫又曲折的愛情故事，廣受西方文學家與藝術家歡迎，從詩歌、繪畫、雕塑、工藝設計，乃至舞臺表演，都能見到以此主題為靈感的藝術創作。

在神話故事的人設上，小倆口都是夠格站在舞臺C位的美貌擔當，因此成為藝術家心目中的高顏值完美CP，若在藝術品中發現背長翅膀的少年懷抱著一位少女，有極高的機率是在創作這個主題。除此之外，藝術家在描繪賽姬時，往往會在她身旁追加一隻小蝴蝶，或乾脆在她背上加裝蝴蝶翅膀，不僅和邱比特的羽毛翅膀相呼應，也回應賽姬象徵靈魂與蝴蝶之意。欣賞藝術品時，掌握以下關鍵線索，即能辨識此藝術主題。

✦ 2個關鍵線索

(1) 主要人物1：邱比特，背上長著羽毛翅膀的美少年

(2) 主要人物2：賽姬，背上長著蝴蝶翅膀，或附近有蝴蝶飛舞的美少女

出自巴洛克藝術大師魯本斯工作坊的范戴克，是魯本斯門下最有才華的弟子，十九歲即是知名畫家，二十一歲時甚至被英王查理一世（Charles I，一六〇〇～一六四九年）

聘請繪製肖像畫，之後成為英國王室首席宮廷畫師。范戴克畫筆下輕鬆卻不失高貴的人物風格，影響英國肖像畫將近一百五十年。

〈邱比特與賽姬〉是范戴克作為查理一世的宮廷畫師期間唯一留存下來的作品，亦是技法最成熟的作品之一，描繪賽姬被寶盒內的睡魔催眠，邱比特趕來英雄救美的重要時刻。

邱比特與賽姬是對不相稱的戀人，畫家亦在畫面中使用對比技法，傳達小倆口的差異：靠近邱比特的大樹枝葉繁茂，與披著橘紅披風的邱比特，雙雙呈現出生命能量的蓬勃旺盛；相較之下，靠近賽姬的樹幹枯萎凋零，與包著水藍披風的賽姬，表現出生命消逝的頹喪無力。不只在圖像和顏色運用上做出對照，范戴克的高明處在於能平衡冷暖色調，使觀者能一眼辨識出真正主角是水藍披風的賽姬，亦不會搶走阿娜答邱比特的風采。

〈邱比特與賽姬〉(*Cupid and Psyche*)
范戴克（Anthony van Dyck，1599～1641 年），繪於 1639 年，藏於英國肯辛頓宮

賽姬常帶著蝴蝶一起出場，不是因為她很香，也不是因為她是蝴蝶仙子，而是賽姬的古希臘文原意為「靈魂」，後衍生為「蝴蝶」之意。賽姬就像一隻蝴蝶，為愛破繭而出。

⬆〈邱比特與賽姬在婚禮亭〉(*Cupid and Psyche in the Nuptial Bower*)
漢密爾頓（Hugh Douglas Hamilton，1740～1808 年），繪於 1792～1793 年，藏於愛爾蘭國立美術館

⬅〈邱比特與賽姬〉(*Cupid and Psyche*)
傑拉爾（François Gérard，1770～1837 年），繪於 1798 年，藏於法國羅浮宮

Athena

Chapter

10

智慧女神——雅典娜

女神教你活出獨立自我

——智慧女神的藝術形象

雅典娜以智慧權謀見長，除了常見的智慧女神、戰爭女神兩大主神職之外，還有一堆有的沒的封號。雅典娜之所以廣受大眾歡迎，不僅是她能者多勞的本領，更在於她獨立自主的個性，早早宣布自己是不婚主義的「處女神」，成為上千年單身女性的第一典範。

雅典娜小檔案 ✷

希臘名	雅典娜 (Athena)
羅馬名	密涅瓦 (Minerva)
神　職	智慧女神、戰爭女神、手工藝女神、處女神、雅典守護神
聖　物	埃癸斯神盾、貓頭鷹、橄欖枝、蛇

雅典娜的父親是神王宙斯，母親是宙斯的第一任妻子：大洋女神墨提斯。當年初出茅廬的年輕宙斯，預謀推翻父親泰坦神王克洛諾斯，在他孤立無援之際，獲得墨提斯的出謀獻策。機智的墨提斯設計克洛諾斯喝下催吐劑，迫使他將肚子裡的孩子們全吐出來，幫助宙斯組成奧林帕斯神族，成功贏得天界大戰。

宙斯始終將墨提斯的恩情記在心裡，濫情的他就這麼愛上了墨提斯，並展開一連串的追求。可惜郎有情妹無意，墨提斯根本沒那個意思，只好不停變身以躲避宙斯的糾纏，無奈宙斯神力強大，墨提斯最終被迫成為宙斯的第一位妻子。（宙斯表達謝意的方式非常令人困擾。）

墨提斯懷孕時，大地母神蓋亞發布一則警告，預言宙斯和墨提斯的孩子充滿智慧和力量，有可能重演孩子推翻父親的篡位悲劇。宙斯歷經千萬年才贏得天界大戰，王位還沒坐熱就要被趕下臺……想到這種未來，宙斯害怕極了！他會怎麼解決呢？

宙斯沒有選擇和老爸克洛諾斯一樣吞下剛出生的孩子，而是直接吞下懷孕的老婆——他巧言要求墨提斯變形成一滴水，當她真的施展變身能力化作一滴水時，宙斯立刻將她吞飲下肚。為了王位寶座，老婆和孩子什麼的他全不要了！

墨提斯本就是高智商的機智女神，被宙斯吞下肚後成為他的智謀來源，但她沒打算乖乖就範，居然在宙斯的頭顱內建造打鐵臺，要為即將出生的孩子鑄造一套盔甲。墨提斯鏗鏗鏘鏘不停打鐵，宙斯腦袋傳來一陣一陣劇痛，對他來說，頭痛欲裂不是一種誇飾法，宙斯是真的頭痛到召來匠神赫菲斯托斯，命令他用大斧劈開自己的顱骨！

赫菲斯托斯使盡全力劈開宙斯腦袋的瞬間，山河為之撼動，連奧林帕斯山也震動起來，宙斯裂開的頭顱中竟蹦出一位身穿盔甲的女神，而這位女神正是雅典娜。雅典娜的母親墨提斯擁有高度智慧，又在父親宙斯的腦袋育胎（所以頭顱裂縫就是產道!?），這種聰明絕頂的基因組合，果然如蓋亞所預言般充滿智慧和力量，毫無疑問成為「智慧女神」。

除此之外，雅典娜初登場就全副武裝，外加那股撼動天地的外露霸氣，也讓她女武神的形象呼之欲出，因此也被稱為「戰爭女神」。關於她的早期記載，《伊利亞德》描述她是位兇暴且殘忍的戰爭女神；但她在後來詩歌中的形象有所改變，只有在保護家國抵禦外敵時，才會動手開戰。

希臘神話共有兩位戰神，分別是阿瑞斯和雅典娜。阿瑞斯代表以蠻力攻克戰場的勇氣，雅典娜則代表以智慧取得戰爭的勝利，因此兩神在戰場的較量上，雅典娜可說是屌打阿瑞斯，智勇雙全的她成為奧林帕斯戰鬥力天花板的武神。深得宙斯疼愛與信任的雅典娜，獲准佩帶宙斯的埃癸斯神盾(Aegis)，由赫菲斯托斯精工打造的埃癸斯神盾共有兩面，一面歸宙斯所有，另一面歸雅典娜所有，專屬雅典娜的盾面加裝蛇髮女妖梅杜莎(Medusa)的頭顱，敵人看到這面盾牌就會變成石頭。

雅典娜有顏值、有戰力，更重要的是有智慧，這些特點塑造出獨立自主的個性，她既不願意屈就父權體制，也沒有男人能駕馭她。早早看透兩性關係的智慧女神，當然很有智慧地早早宣布自己是不婚主義者，還手刀衝去向宙斯報名當「處女神」，發誓一輩子不戀愛、不出嫁、不跟男人亂搞。（雅典娜表示：「拜託～老娘自己爽爽過，雜魚們別來煩我！」）

自願成為處女神的雅典娜，與狩獵女神阿提米絲(Artemis)、爐灶女神荷絲提雅(Hestia)並稱為希臘神話三大處女神。雅典娜位居三女神之首，比起仍保有七情六慾的阿提米絲，簡直就是鋼鐵處女一般不可動搖的存在！也因為這層關係，作為貞女的雅典娜與守護婦女的天后赫拉關係特別好，兩人共同的死對頭就是豪放浪蕩的美神阿芙蘿黛蒂。

近年來，現代女性高唱「單身比結婚更快樂！」，漸漸不再為「嫁不掉」而煩惱，這種不畏傳統社會觀念和長輩情緒勒索的女性自主意識，上千年前就由雅典娜為女性朋友們做出優雅示範。她一雙巧手既會打仗又擅長紡織，憑藉才能行遍天下，堅持不進入家庭結婚生子。她的存在，告訴現代女性一件事：「我單身我驕傲，活出自我最重要！」

藝術主題——智慧女神的藝術形象

希臘神話的雅典娜，對應羅馬神話的密涅瓦。孟子說：「觀其眸子，人焉廋哉？」眼神能傳達許多訊息，想分辨一個人的內心，觀察他的眼珠就知道了。這道理深刻反映在對雅典娜的描述上，最常用來描述雅典娜的辭彙是「灰眼」和「明眸少女」，她擁有一雙目光炯炯的漂亮杏眼，直視的眼神傳達出雅典娜的智慧和勇敢。

總是穿戴一身戰袍和頭盔的雅典娜，散發女武神不可侵犯的氣場。欣賞藝術品時，掌握以下人物特徵，即能辨識出這位「智慧女戰神」。

✦ 3個人物特徵

(1) 識別穿搭：身穿鎧甲、頭戴頭盔的少女

(2) 專屬神器：長槍和埃癸斯神盾（盾面常出現蛇髮女妖梅杜莎的頭像）

(3) 輔助物件：背長翅膀的勝利女神，雅典娜有時會手捧勝利女神的小雕像

蛇髮女妖梅杜莎的原始形象是深海海怪，而非頭頂盤據毒蛇的女妖。克林姆將梅杜莎的圖像改置於護甲胸口，而非傳統上的盾牌。

〈帕拉斯雅典娜〉(*Pallas Athena*)
克林姆（Gustav Klimt，1862～1918 年），繪於 1898 年，藏於奧地利維也納博物館

➔ 赫菲斯托斯為宙斯進行開顱手術，雅典娜從裂縫飛出，一隻腳還插在老爸宙斯的腦袋裡……。

〈密涅瓦的故事——密涅瓦的誕生〉(*Story of Minerva-The Birth of Minerva*)
勒內－安托萬·豪斯（René-Antoine Houasse，1645～1710年），繪於1688年，藏於法國凡爾賽宮

← 阿瑞斯當著情人阿芙蘿黛蒂和兒子邱比特的面前，被雅典娜打趴在地，戰神顏面掃地！（阿瑞斯胸前那兩點激凸好令人在意啊！）

〈馬爾斯與密涅瓦之戰〉(*The Combat of Mars and Minerva*)
賈克－路易·大衛（Jacques-Louis David，1748～1825年），繪於1771年，藏於法國里昂美術館／法國羅浮宮

雅典娜與波賽頓的恩怨由來

——雅典城之爭

被稱為世界文明搖籃的希臘雅典城（Athens），和雅典娜的關係密不可分，雅典娜是雅典城的保護神，進入雅典城等於進入女神領域。雖然這座城市是雅典娜爭取而來，卻因此得罪海王波賽頓，導致他們日後總是針鋒相對，是說這件事真有這麼嚴重嗎？

很久以前，當雅典城還沒被稱為雅典時，奧林帕斯諸神都想爭奪這座城市的所有權。擔當城市的保護神，雖需耗費心力保護城邦住民，但好處是可將該城作為私人的人間遊樂場，並享有城邦住民蓋廟酬神的香火，香火越旺神力越強，所以多擔當一個城市保護神的神職，怎麼想都是利大於弊啊！

波賽頓和雅典娜兩神互不相讓，強力爭取城市所有權，他們請求公平正義的宙斯作出裁判，到底誰能擁有這座城市？一方是自己的兄弟、一方是自己的女兒，宙斯實在不想介入這場紛爭，於是甩手讓城邦公民自行決定。

波賽頓率先表態，為了顯示他能為當地人民帶來哪些好處，他猛力用巨大三叉戟插進岩石中，石縫瞬間流出源源不絕的清澈泉水，並從泉水中躍出一匹雪白的戰馬。緊接著，雅典娜用金色長槍點開地面，地面瞬間長出結實纍纍的橄欖樹，她向人們保證橄欖的食物與經濟價值。

根據不同故事版本，或說是城邦國王、或說是當地公民、又或是諸神的裁判，所有人公認橄欖樹可以為人們帶來和平與豐收的生活，比象徵力量與戰爭的戰馬更有價值。雅典娜贏得一致好評，順利成為城市的保護神，而城市也以她命名為雅典。至於波賽頓，他輸了城市之爭後顏面盡失，居然沒風度的降下洪水懲罰雅典人。

雅典是古希臘的核心城市，有史料記載的歷史就長達三千多年。西元前五到四世紀，雅典城在哲學、文學、民主發展取得高度成就，對歐洲文化產生重大影響，因此被稱作西方文化的重要搖籃。文明的高度發展不是一蹴可幾，卻是有跡可循，雅典城之爭故事蘊含的意義，反映雅典人的普遍意識，他們在波賽頓的「力量」和雅典娜的「智慧」中，選擇了後者；在大海象徵的「原始」和農業象徵的「文明」裡，同樣選擇了後者。這種選擇再再顯示雅典人心之所嚮，他們搭上「人類理性」這班特快車，即便遭遇洪水摧毀也不回頭。

成為雅典城守護神的雅典娜，備受雅典人崇拜，她的另一項神職「手工藝之神」正與文明發展不謀而合——她擅長造船蓋屋，還發明笛子和紡織，尤其紡織技巧無人能敵，古希臘婦女因其手工技藝而敬奉她。

世界建築王冠：帕德嫩神廟

雅典娜作為處女神之首，在自己的守護城市雅典，擁有自己的帕德嫩神廟(Parthenon，又譯為巴特農神廟)，「帕德嫩」原意指「處女、未出嫁的女子」，因此帕德嫩神廟意為「處女宮」。

興建於西元前五世紀雅典衛城的帕德嫩神廟，是現存最重要的古典希臘時代建築物，神廟內的多立克柱和建築裝飾是古希臘藝術的頂點，對於研究古希臘歷史、建築、雕塑、宗教等層面均具有極為重要的價值，被藝術史家稱為「人類文化的最高表徵」、「世界美術的王冠」。

帕德嫩神廟內供奉巨大的雅典娜雕像，出自古希臘最偉大的雕刻家菲迪亞斯（Phidias 或 Pheidias，西元前四八〇～前四三〇年），雅典娜雕像的肌膚使用象牙，其他部分則以木質和黃金打造。可惜原作品早已毀於大火，現僅存殘片，我們只能從古代流傳下來的文學描述、複製品、花瓶和錢幣來追憶。

帕德嫩神廟

藝術主題——雅典城之爭

雅典城之爭的勝利，可說是雅典娜的高光時刻，因此故事劇情雖是兩神相爭，但藝術處理卻著重於女神的勝利，畫面C位和鎂光燈均聚焦在這位智慧女神身上。欣賞藝術品時，掌握以下關鍵線索，即能辨識此藝術主題。

✦ 3個關鍵線索

(1) 主要人物1：雅典娜，全副武裝的少女

(2) 主要人物2：波賽頓，手持三叉戟的壯漢

(3) 識別物件：雅典娜展示的橄欖樹、波賽頓展示的馬和泉水

十七世紀法國裝飾藝術畫家豪斯，創作一系列以雅典娜為主角的畫作，包含雅典娜的出生、傳授人類藝術，以及她榮耀的雅典城之爭。

〈密涅瓦與涅普頓的雅典城命名之爭〉畫面中央上方的宙斯，伸手指向勝利者雅典娜。畫家以明暗對比展示勝敗各一方，明亮的右半部是贏家雅典娜和她的橄欖樹，姑娘她穩坐雲朵，雙眼不僅沒看她的對手波賽頓，就連宙斯宣布她為贏家時也沒顯得特別高興，反倒一副「那還用說嗎？」的平靜表情。

相較之下，陰暗的左半部是輸家波賽頓和他的戰馬，他激動的肢體語言彷彿在說：「我禮物這麼好，怎麼可能會輸！」根據神話故事，波賽頓送出的是一匹雪白戰馬，畫家為了調和整幅畫作的用色，故意將白馬畫成黑馬。（至於天上那群吃瓜眾神，看完本書相信你一定能全員認出！）

〈密涅瓦與涅普頓的雅典城命名之爭〉(*The Dispute between Minerva and Neptune over the Naming of the City of Athens*)
勒內－安托萬·豪斯（René–Antoine Houasse，1645～1710 年），約繪於 1689 年，藏於法國凡爾賽宮

即便海洋信使小老弟前來助陣，海王依舊輸給了雅典娜，果然得民心得天下啊！

〈密涅瓦與涅普頓的雅典城命名之爭〉(*Dispute de Minerve et de Neptune pour donner un nom à la ville d'Athènes*)
哈萊（Noël Hallé，1711～1781 年），繪於 1748 年，藏於法國羅浮宮

奧林帕斯十二神齊聚見證這場雅典城公開競標案，布隆代爾選擇原版的十二神，所以在此看不見酒神戴奧尼索斯的身影（此時的酒神可能還在人間歷練或宿醉）。

〈密涅瓦與涅普頓的雅典城之爭〉(*La Dispute de Minerve et de Neptune au Sujet d'Athènes*)
布隆代爾（Merry–Joseph，1781～1853 年），繪於 1822 年，藏於法國羅浮宮

Chapter

11

藝文神和光明神——阿波羅

Apollo

01 神界認證的陽光型男

——阿波羅的藝術形象

希臘神話中，若說最美女神是阿芙蘿黛蒂，那最帥男神唯一認證就是阿波羅。阿波羅擁有陽光帥氣的外型、能文能武的才華，不僅是光明神、藝文神、弓箭神、預言神，居然還是醫神，堪稱年少有為天界斜槓王，本篇將完整介紹阿波羅的各種神職工作。

阿波羅小檔案 ✷

希臘名	阿波羅 (Apollo)
羅馬名	阿波羅 (Apollo)
神　職	光明神、藝文神、弓箭神、預言神、醫神，後期為太陽神
聖　物	里拉琴、弓箭、月桂冠、巨蟒培冬

阿波羅是神王宙斯和泰坦神勒托 (Leto) 的兒子。勒托即將為宙斯誕下子嗣之際，渣男宙斯卻宣布他與赫拉的婚訊，並迎接新娘入主奧林帕斯天后大位。勒托心碎不已，她不僅地位急轉直下，更不幸的是，赫拉是手撕小三的專家，新上位的天后想藉機立下威信，對外放話要整死勒托！

赫拉知道情敵勒托臨盆在即，故意降下懿旨，不允許勒托在「陽光照耀的大地」分娩，並禁止所有神祇幫助勒托。赫拉甚至派遣她的貼身侍女彩虹女神伊麗絲 (Iris) 和戰神兒子阿瑞斯，巡行大地監視勒托一切動向，大腹便便的勒托只能東躲西藏，但赫拉看不過癮，繼續派出巨蟒培冬 (Python) 追殺勒托。

宙斯看在眼裡急在心裡，顧及大老婆赫拉的顏面，只好拜託海王波賽頓私下幫助勒托。波賽頓確實是可靠的幫手，他先用海浪擊退培冬，再從大海升起一座讓勒托棲身的漂浮小島，同時揚起海浪化作水霧，遮擋赫拉的監視眼線。小島沒有地基，不能算是「大地」；水霧阻絕太陽，因此島上沒有「陽光」，完全符合赫拉訂下的規定。

勒托在逃亡期間過度驚嚇，獨自在小島待產的她，分娩過程極不順利，生產陣痛持續九天九夜。眾女神聽到勒托的淒厲哀號，都想幫助這位可憐媽媽，但赫拉心狠到底，嚴禁唯一幫得上忙的親女兒分娩女神 aka 註生娘娘埃雷圖亞為勒托助產。眾女神於心不忍，集資獻上一串黃金琥珀項鍊，拜託彩虹女神向赫拉求情，赫拉覺得天后威儀已立，這才點頭同意放行分娩女神。在分娩女神的助產下，勒托痛苦的倚著島上橄欖樹，終於先後產下阿提米絲和阿波羅這對龍鳳胎。新生的神祇降生後，海底緩緩升起四根石柱托住原本的漂浮小島，成為了固定的島嶼。

「太陽神阿波羅」名號響亮，讓人以為阿波羅是掌管太陽的日神，但其實這是個誤會！阿波羅天生具有光明神性，代表純善至真的正能量，在其身上找不到黑暗，的確是正統的光明神。然而，真正掌管日升日落的太陽神是赫利俄斯，他每日駕駛四馬金車，從東到西橫越天空，用陽光照亮世界。赫利俄斯和他的兩位姊妹：月亮女神塞勒涅(Selene)、黎明女神厄俄斯(Eos)，三位神祇從未偷懶請假，奉公盡職的輪班負責每天黎明即起日升月落（順便偷窺大地各種八卦，例如赫利俄斯就曾幫忙匠神抓姦）。

阿波羅之所以和太陽神搭上關係，來自西元前五世紀的古希臘詩人與戲劇家，他們運用豐富的想像力，為阿波羅的出生遭遇錦上添花——宙斯為了補償阿波羅，將太陽贈予光明神性的阿波羅，連帶將月亮贈予他的姊妹阿提米絲。只能說阿波羅名氣響亮，「太陽神」名號漸漸由阿波羅取代，排擠掉原本默默工作的赫利俄斯。

阿波羅是光明神，這股神性由內而外反映在他的形象上。在流傳的詩歌中，阿波羅一頭捲髮金黃耀眼、雙臂線條緊實有力、六塊腹肌井然有序，全身自帶濾鏡蘋果光，好比八月正午的陽光，是古希臘人眼中的男性美代表，集萬千少年少女崇拜於一身。除此之外，阿波羅詩歌武藝全方位兼備，憑藉多項技能闖蕩江湖，不僅是神界首席文青的藝文神、除妖神射手的弓箭神、傳授醫術的醫神（但也會散播病痛和瘟疫），更經營自己的德爾菲阿波羅神廟，成為萬民敬仰的預言神，經營範疇之廣堪稱神界最強斜槓王。

世界文化遺產：提洛島

阿波羅和阿提米絲誕生的小島，在現實世界中還真有其島——希臘的提洛島(Delos)。提洛島不利人居，但因為這則神話，長久以來被視作宗教聖地，在愛琴海歷史上扮演重要角色，於一九九〇年被聯合國教科文組織(UNESCO)列為世界文化遺產，吸引全世界遊客到提洛島朝聖，成為去希臘跳島觀光的重要景點。

藝術主題——阿波羅的藝術形象

阿波羅與其他奧林帕斯男神的熟男氣質有著明顯差異，其形象多是不長鬍鬚的「青年神」，雖然不同時代對小鮮肉美青年的審美觀不同，但阿波羅神職眾多，每種神職都有其特定識別物件，因此欣賞藝術品時，只要掌握以下人物特徵，即能辨識出這位「陽光型男」。

✦以下識別物件任取2項即可成立

(1) 光明神／太陽神：身披暖色系披肩、頭部環繞太陽光暈

(2) 音樂神：里拉琴（類似豎琴的古地中海琴種），有時是小提琴

(3) 弓箭神：弓箭套組、巨蟒培冬

(4) 重要配件：月桂冠

阿波羅的識別物件多元，你能從這幾幅畫作中找出幾個關鍵線索呢？

⬆〈巨蟒培冬的戰勝者阿波羅〉(*Apollo Winner of the Serpent Python*)
本維努提（Pietro Benvenuti，1769～1844年），約繪於1813年，館藏地不詳

⬅〈密涅瓦加冕阿波羅〉(*Apollo Crowned by Minerva*)
諾埃爾·科佩爾（Noël Coypel，1628～1707年），繪於1667～1668年，藏於法國羅浮宮

➔〈阿波羅〉(*Apollo*)
坎塔里尼（Simone Cantarini，1612～1648年），繪於十七世紀上半葉，藏於俄羅斯艾爾米塔什博物館

← 同場加映正港太陽神赫利俄斯（赫利俄斯：我每天辛勤工作，竟然還被阿波羅那臭小子取代）。

〈赫利俄斯駕駛日車〉(*Helios on His Chariot*)
魏森基徹（Hans Adam Weissenkircher，1646～1695年），繪於1685年，藏於奧地利約翰州立博物館

天界斜槓王（上）：藝文神

——阿波羅與繆思女神

說起光明神阿波羅的主要神職，那絕對是「藝文神」，神界首席文青就他好棒棒，尤其在音樂和詩歌的表現更是無與倫比的美麗，因此成為音樂家和詩人的保護神。阿波羅身旁常跟著一組藝文女團「繆思女神（Muses）」，一出場就會散播幸福散播愛，凡人見到他們，無不被極致的藝術之美感動得淚流滿面。

阿波羅作為藝文神，總是隨身攜帶一把金色里拉琴。這把里拉琴由信使之神荷米斯偷拔牛筋和龜殼製作而成，贈予阿波羅作為陪禮（兩神到底發生什麼過節？請見〈偷盜之神的起家故事〉）。荷米斯特製的里拉琴，因具有弦（牛筋）和共鳴箱（烏龜殼），算是吉他、琵琶、提琴等弦樂器的始祖。阿波羅大為驚豔於里拉琴的優美音色，從此里拉琴成為他的專屬樂器，只要興致一來，阿波羅當場抱著里拉琴譜曲創作，可以說他在哪裡，哪裡就是他的歡唱KTV，歡樂頓時傳遍天上人間，「藝文神」封號當之無愧。

身為唱作俱佳的神界首席文青，阿波羅身旁常伴隨一組女子團體「繆思女神」，據赫西俄德《神譜》記載，她們是宙斯和泰坦神謨涅摩敘涅(Mnemosyne)的九位女兒。謨涅摩敘涅是司掌記憶的女神，她和宙斯連續發生九夜情，一年後在奧林帕斯最高峰誕下九位美麗的女兒，九位女兒合稱為繆思女神，各自職掌藝術、詩歌、戲劇、科學、文學、歷史等層面，其中司管史詩的卡利俄佩(Calliope)是大姊（顯示史詩在古希臘藝文發展的重要性）。繆思女神擁有甜美的歌喉，總用優美歌聲讚頌不朽眾神和世間萬物，若她們對詩人與歌手微微一笑，便能給予他們意想不到的創意靈感。

阿波羅是藝文之神、繆思女神是藝文女神，天造地設注定要成團出道，因此古希臘人將阿波羅指派為女神們的領袖。這組當紅藝文團體就像專門炒嗨氣氛的派對達人，受邀參加眾神與英雄的大小聚會——阿波羅彈奏音樂、繆思女神舞蹈合唱；臺上輕歌曼舞、臺下如痴如醉，為聚會增添滿滿歡樂。

不像其他希臘神擁有對應的羅馬神，阿波羅和繆思女神是希臘神話獨創的神職，這種差異主要來自於古羅馬人的民族性。羅馬人是務實的民族，在希臘文學和藝術深入羅馬文化前，他們只信奉對現實生活有實質幫助的神，例如代表豐收的農神薩圖恩努斯、勇敢強大的戰神馬爾斯（最初馬爾斯的神職也是農神），很少需要崇拜美麗又詩意的神祇，因此原始的羅馬神話沒有對應「用里拉琴彈出美妙旋律的阿波羅」，也沒有「賦予創作歌謠靈感的繆思」。這兩位希臘神祇被羅馬神話原封不動接收。因為他們，羅馬人認識了「美」之於生活的重要，明白了生活不止眼前的苟且，還有詩歌和遠方。

藝術主題——阿波羅與繆思女神

阿波羅與繆思女神的團體特徵十分好辨認，簡單來說就是一男戰九女（並不是！），最常站在畫面C位的是文青首席阿波羅，圍繞在他身旁的繆思女神，常以崇拜眼神看著她們的帥氣領袖（就算偶爾露出關愛的姨母笑也不奇怪）。這組藝文團體的同臺畫面絕對知性有氣質，畫面結構與色調都散發著寧靜與美的和諧。欣賞藝術品時，掌握以下關鍵線索，即能辨識此藝術主題。

✦ 2個關鍵線索

(1) 主要人物1：阿波羅，必備里拉琴，其他關鍵特徵請見「阿波羅的藝術形象」

(2) 主要人物2：繆思女神，圍繞阿波羅的眾女神

十八世紀羅馬藝術家巴托尼極為擅長肖像畫，當時至義大利旅遊的上流人士，常指名巴托尼繪製肖像畫作為留念，因此使他在歐洲的知名度大開。巴托尼在〈阿波羅與兩位繆思女神〉將其人物肖像的美化功力展露無遺，相信任誰都無法忽視阿波羅稚嫩俊俏的臉龐，以及健美勻稱的肌肉吧（尤其是美味的腹肌線條）！阿波羅身旁的紅衣繆思女神手拿圓規與書籍，代表她是司管天文學的烏拉尼亞(Urania)；米白衣裙的繆思女神手拿雙管長管，則代表她是司管抒情詩與音樂的歐忒耳佩(Euterpe)。

此畫在展示藝文神阿波羅的完美神聖，他望向天空，向前伸直的右手拇指和食指即將碰觸，彷彿快要捏住一個從天而降的神啟「喔喔喔～就差一點點，靈感快要來囉！」一旁的繆思女神目不轉睛仰望著阿波羅，期待她們的帥氣領袖彈奏里拉琴，準備好好高歌一曲（歐忒耳佩的雙管長管都舉起來了）。

〈阿波羅與兩位繆思女神〉(*Apollo and two Muses*)
巴托尼（Pompeo Batoni，1708～1787 年），約繪於 1741 年，藏於波蘭威拉諾夫故宮博物院

①司管頌歌與修辭學、幾何學的波呂姆尼亞 (Polyhymnia)、②與愛神相伴的是司管抒情詩的厄拉托 (Erato)、③司管天文學的烏拉尼亞、④司管歷史的克利俄 (Clio)、⑤司管史詩的繆思大姊卡利俄佩。
〈阿波羅與繆思女神〉(*Apollo and the Muses*)
梅尼爾（Charles Meynier，1763/1768～1832 年），約繪於十八世紀晚期，藏於美國克利夫蘭藝術博物館

天界斜槓王（下）：弓箭神兼預言神

——阿波羅與巨蟒培冬

阿波羅隨身攜帶金色里拉琴，天界人間無處不是他的演唱會舞臺，但若以為文藝青年只會彈琴吟詩，那就大錯特錯了，他靈動的手指不只會撫弄琴弦，那強壯的手臂還會彎弓搭箭，射殺怪物百發百中，使他成為西方文化的屠龍英雄之一。

小阿波羅降生前夕，母親勒托遭到赫拉派出的巨蟒培冬追殺，一路逃難四處躲藏，心力交瘁瀕臨崩潰。娘胎裡的小阿波羅感應到母親的痛苦，極度憎恨培冬，待他成長到有力量後，便迫不及待去找培冬報仇。

培冬是盤踞在德爾菲地區(Delphi)的巨大蟒蛇，傳說為大地母神蓋亞所生，平日負責守衛德爾菲的蓋亞神示所。培冬當初只是奉赫拉之命行事，眼見阿波羅殺氣騰騰來報仇，根本不想和他起衝突，於是躲進蓋亞神示所避風頭。沒想到阿波羅誓不罷休，一路緊追到德爾菲，甚至大膽闖進蓋亞神示所，俐落一箭射死了培冬。阿波羅百發百中的精準箭術，不僅讓他獲得「弓箭神」的稱號，最後連培冬也變成他的紀念聖物。

阿波羅爽快完成了復仇計畫，但這行徑卻激怒了蓋亞！憤怒至極的蓋亞打算把阿波羅關押到地獄塔耳塔羅斯（蓋亞：「阿波羅侵門踏戶到我家把我兒殺了，流放地獄只是剛好而已！」）但宙斯十分疼愛阿波羅，只同意讓他接受勞役處分，以此償還射殺培冬的罪孽。

如今仇也報了、罪也贖了，阿波羅決定在德爾菲建立自己的阿波羅神廟（蓋亞：「居然還有臉來和我搶地盤?!」）阿波羅那股光明純善的神力，使他成為永遠口吐真言的真理之神，他在神廟透過女祭司發布「德爾菲神諭」，引導人類了解神意，因此也被稱作「預言神」。

德爾菲神諭在希臘神話中具有重要地位，不少故事橋段都由此展開——凡人對未來有所迷惘，專程前往德爾菲阿波羅神廟祈求神諭。然而，三言兩語的預言又怎能完整預示事件因果呢？凡人以有限智慧對未來做出模棱兩可的猜測，過度執著神諭的下場，幾乎以慘痛悲劇收場。這種誤信神諭為唯一真理的後果，千年後的今日仍時常發生在我們身邊，實在值得省思。（更何況阿波羅有發布假神諭的紀錄，愛神邱比特曾和阿波羅串通造假神諭，設計賽姬嫁給邱比特。）

世界文化遺產：德爾菲考古遺址

德爾菲是古希臘的宗教聖地，傳說宙斯為測量大地，反方向放出兩隻蒼鷹，而蒼鷹相遇的地方，正是雅典西北方帕爾納索斯山麓的德爾菲。因有這則神話加持，古希臘人將德爾菲視作世界的中心。

奧林帕斯宗教向全希臘擴張的過程中，大約在西元前八世紀中葉至前七世紀中葉期間，對阿波羅的信仰達到空前崇拜，原本信仰蓋亞的德爾菲地區，轉而奉獻給阿波羅作為聖地，因此創造出阿波羅射殺巨蟒培冬並自立神廟的神話故事。

德爾菲聖地留存下來的建物群，於一九八七年被聯合國教科文組織列為世界文化遺產「德爾菲考古遺址」，包含神廟、祭壇、寶庫，還有附屬建築如劇場、柱廊、體育場及體操館等遺跡，其中一處遺跡正是以超準神諭聞名的阿波羅神廟。據聞神廟入口處刻著《德爾菲箴言》(*Delphic maxims*) 最著名的三句：「認識你自己、凡事勿過度、妄立誓則禍近。」《德爾菲箴言》收錄阿波羅神諭的神聖格言，內容就像一套道德倫理教材，主要在告誡人們要敬重神靈、傳授大眾遵守道德規範。

藝術主題——阿波羅與巨蟒培冬

阿波羅射殺培冬一戰成名，使他成為西方文化的屠龍英雄之一。培冬是條巨大蟒蛇，多以大蛇造型出現在古希臘瓶畫上，但到了拉丁語通用的時代，拉丁語的「蛇」和「龍」為同一字詞，以致培冬的樣貌逐漸變形成四腳長尾的惡龍。惡龍被基督教視為惡魔與異端，阿波羅射殺培冬的畫面常被視為光明戰勝惡勢力的象徵。欣賞藝術品時，掌握以下關鍵線索，即能辨識此藝術主題。

✦ 3個關鍵線索

(1) 主要人物：阿波羅，關鍵特徵請見「阿波羅的藝術形象」
(2) 主要動物：培冬，四腳長尾的惡龍
(3) 識別物件：弓箭

一六三六～一六三八年間，巴洛克代表畫家魯本斯的工作坊接到一項大型委託，要為西班牙國王菲利普四世（Felipe IV，一六〇五～一六六五年）的帕拉達狩獵亭（Torre de la Parada），繪製一系列以神話為主題的室內裝飾。

這可是項大工程啊！好在魯本斯向來以超強的組織能力，網羅大批有才華的弟子和外包專業畫家，共同完成源源不絕的畫作訂單，因此這項任務也採取固有的工作模式進行——創意總監魯本斯負責素描草圖，配合的畫家們依草圖繪製畫作，最後再由魯本斯監製完成（他這邊塗幾筆那裡抹個色，畫龍點睛為作品大加分）。

〈阿波羅和巨蟒培冬〉便是其中一幅作品，魯本斯將完成的草圖，交由他長期合作的畫家德沃斯完成。畫面描繪阿波羅成功射殺培冬的場景，但魯本斯添加一個取材自羅馬詩人奧維德《變形記》的故事橋段：阿波羅向邱比特吹噓自己的高超箭術，嘲笑他只會耍小孩把戲，沒想到記恨在心的邱比特，對阿波羅射出一見鍾情的金箭，讓他愛上恐男症的達芙妮。（可見〈初戀情人慘變植物人〉中范圖爾登〈阿波羅追逐達芙妮〉，該幅作品同樣為魯本斯監製的帕拉達狩獵亭裝飾畫作。）

〈阿波羅和巨蟒培冬〉(*Apollo and the Python*)
魯本斯（Peter Paul Rubens，1577～1640 年）、德沃斯（Cornelis de Vos，1584～1651 年），繪於 1636～1638 年，藏於西班牙普拉多博物館

→ 阿波羅與姊姊狩獵女神阿提米絲均精通箭術，姊弟倆一起追殺培冬。

〈阿波羅和黛安娜殺死巨蟒培冬〉(*Apollo and Diana Slaying the Python*)
弗蘭切斯基尼（Marcantonio Franceschini，1648～1729年），繪於1692～1709年，藏於列支敦斯登博物館

← 為慶賀阿波羅擊敗培冬（倒楣的培冬橫死畫面後景），勝利女神為他加冕月桂冠。勝利女神經常和智慧女神雅典娜一同受到崇拜，代表戰爭的勝利。

〈阿波羅的故事一阿波羅征服巨蟒培冬〉(*Story of Apollo-Apollo Crowned by Victory after Having Salyed Paython*)
諾埃爾．科佩爾（Noël Coypel，1628～1707年），約繪於1688年，藏於法國凡爾賽宮

初戀情人慘變植物人

——阿波羅與達芙妮

阿波羅不僅擁有陽光帥氣的外表，還是唱作俱佳的優質文青、百發百中的神射手，甚至在德爾菲經營自家神廟，吸收廣大的虔誠信徒。奇怪的是，這些超讚條件都救不了他那易斷的姻緣線，他愛的和愛他的，不是變成樹、就是變成花，更慘的還被放火燒，短暫戀情幾乎以悲劇收場，根本得罪月老大戶。才華帥哥交不到女朋友，到底是出了什麼問題？

阿波羅射殺巨蟒培冬一戰成名，被公認為弓箭神，他對自己的高超箭術自信心爆棚，甚至嘲笑同樣弓箭屬性的邱比特，叫他小屁孩沒事不要亂玩弓箭！沒想到小人就小量，邱比特記恨在心，決定使出他的獨門絕技，惡整這個瞧不起他的臭屁男！邱比特的愛神箭威力強大，金箭射入人心會產生愛情，鉛箭射入人心則產生憎惡，他趁阿波羅不注意，偷偷搭起金箭射向這個臭屁男，再拿起鉛箭射向達芙妮(Daphne)。

達芙妮是誰呢？她是河神佩紐斯(Peneus)的女兒，是一位水寧芙，發誓要像狩獵女神阿提米絲一樣永保貞潔，和一群自願守貞的寧芙們組成「處女狩獵團」，追隨阿提米絲在森林打獵。

由於邱比特的惡作劇，原本不認識達芙妮的阿波羅，就這麼恰巧瞥到在林間狩獵的達芙妮。他看著達芙妮奔跑時，那汗濕微喘的紅潤臉龐、飄逸飛舞的柔軟髮絲、身著獵裝的輕盈體態，立刻無法自拔的愛上她！

阿波羅越看越著迷，愛火越燒越旺，於是上前搭訕達芙妮。阿波羅當然還是如往常般帥氣耀眼，但發誓守貞的達芙妮患有「恐男症」，加上被邱比特射入鉛箭影響，看到步步逼近的阿波羅，嚇得她小少女拔腿就逃。陷入狂熱的阿波羅，一邊緊緊尾隨一邊聲聲示愛：「親愛的～不要跑～我愛妳！」少年少女就這樣你追我逃，在山林間上演愛的大逃殺。

受不了阿波羅的死纏爛打，達芙妮從森林逃到河邊，體力不支累倒在地，急迫呼喊河神爸爸佩紐斯快來救她。話一出口，達芙妮突然感到全身一陣麻木，她的雙腳根植在泥土裡、身上獵裝變成包裹她的樹皮、飄逸秀髮分岔出枝葉，最終變成了一棵月桂樹。

阿波羅就快觸碰到達芙妮了，卻眼睜睜看著少女在他面前變形成一棵樹！他走過去擁抱樹身，在薄薄的樹皮下，似乎還能感受到達芙妮的劇烈心跳，卻只能傷心嘆道：「美麗的少女，我失去了妳，但妳會成為我的月桂樹，與我阿波羅永不分離。」他摘下月桂樹的樹枝和樹葉，編織成月桂冠戴在自己頭上，以紀念這段沒有結果的初戀。自此，月桂樹就成了阿波羅的聖樹。（達芙妮流淚：我都變成植物人了，居然還不放過我！）

這場讓阿波羅痛徹心扉的戀情，固然是邱比特搞出來的惡作劇，但他窮追猛打的痴漢型示愛，以為不斷傳達愛意就能感動對方，殊不知只是將對方越逼越遠。如此失敗的戀愛NG行為，正是沒有掌握適當的戀愛社交距離，若連天界第一美男神都慘遭拒絕，還望同處於戀愛修羅場的各位警惕！

阿波羅的榮耀：月桂冠

月桂樹成為阿波羅的聖樹，以其葉子與枝條編織而成的月桂冠，代表「阿波羅的榮耀」，是古希臘人用來授予傑出詩人或競技勝利者的獎品；到了古羅馬時代，月桂冠則變成頒授士兵的獎勵品，特別賜予從戰場凱旋而歸的軍隊將領。現今，月桂冠依然象徵著光榮和榮耀，是各種獎章標誌愛用的設計符號。

藝術主題——阿波羅與達芙妮

阿波羅追求達芙妮的愛情故事以失敗告終，竟被一大群藝術家作為創作題材，對阿波羅本神而言簡直是奇恥大辱！藝術家以此故事進行創作，多聚焦於「達芙妮即將變成月桂樹」的瞬間場景，欣賞藝術品時，掌握以下關鍵線索，即能辨識此藝術主題。

✦ 3個關鍵線索

(1) 主要人物1：阿波羅，關鍵特徵請見「阿波羅的藝術形象」

(2) 主要人物2：達芙妮，上半身變身成「樹」的少女

(3) 畫面場景：大自然場景

十八世紀威尼斯畫派最後一位巨匠提也波洛的作品〈阿波羅追求達芙妮〉，正是描繪阿波羅在戀愛關係中緊迫盯人的NG行為。

從畫面後景追來的阿波羅穿著金黃斗篷、腰配弓箭筒，頭頂一圈太陽光暈，好似自帶聚光燈的閃耀巨星。阿波羅眉頭緊蹙，伸手指向達芙妮，來不及阻止眼前發生的變化——達芙妮的指尖冒出樹葉，僵硬的後頸也逐漸變形。至於搞事鬼邱比特，則躲在受害者身後偷偷看著自己闖下的情禍。

值得一提的是，達芙妮坐在河神爸爸的水甕上（屁股還壓到老爸爸的手臂），若古典繪畫中出現水甕、水壺、花瓶等圓弧容器，常象徵女性子宮或暗示處女貞潔；瓶器出現裂痕或破裂，通常暗指畫中女性喪失貞潔。此畫的水甕並無破裂，但水甕傾倒流洩出液體，似乎暗示達芙妮千鈞一髮勉強守住了自己的貞潔防線。

〈阿波羅追求達芙妮〉(*Apollo Pursuing Daphne*)
提也波洛（Giovanni Battista Tiepolo，1696～1770 年），繪於 1755～1760 年，藏於美國華盛頓國家藝廊

➔〈阿波羅追逐達芙妮〉(*Apolo Persiguiendo a Dafne*)
魯本斯（Peter Paul Rubens，1577～1640 年）、范圖爾登（Theodoor van Thulden, 1606～1669 年），繪於 1636～1638 年，藏於西班牙普拉多博物館

達芙妮變身月桂樹的轉換過程考驗藝術家的想像力，若想像力過度奔放，原本美麗的寧芙可能會不小心變成恐怖的樹妖！

←〈阿波羅和達芙妮〉(*Apollo and Daphne*)
波拉約洛（Piero del Pollaiuolo，1441～1496 年），繪於 1470～1480 年，藏於英國倫敦國家美術館

Artemis

Chapter

12

狩獵女神和月神——阿提米絲

處女狩獵團團長駕到

——狩獵女神的藝術形象

阿提米絲和阿波羅是神界少見的龍鳳胎，母親誕下他倆的煎熬過程，造就姊弟倆的性格發展：阿波羅向外報復施虐對象，成為大名鼎鼎的弓箭神；阿提米絲對內發誓永保貞潔，成為守護處女的處女神、保護幼獸的狩獵神，到後期成為掌管月亮的月神。

阿提米絲小檔案 ✷

希臘名	阿提米絲 (Artemis)
羅馬名	黛安娜 (Diana)
神　職	狩獵神、處女神，後期為月神
聖　物	銀製弓箭、牝鹿

阿提米絲和阿波羅這對雙胞胎的誕生日，真是場名副其實的「母難日」。母親泰坦神勒托待產時，慘遭情敵天后赫拉的逼壓，生產過程極其痛苦，最後在分娩女神埃雷圖亞的助產下，才生出了阿提米絲。和媽媽母女連心的阿提米絲，還在娘胎就知道母親遭受的折磨，一出生就幫著母親接生弟弟阿波羅。

降生的苦難刻進了阿提米絲的性格，她聽到母親的陣陣哀號、見過母親的滴滴血淚，同理勒托作為女人和母親所遭遇的不幸。當神王宙斯將阿提米絲和阿波羅迎回奧林帕斯山列為十二神後，阿提米絲不願經歷女性生育的苦痛，請求父親宙斯允許她永遠守貞，發誓保護處女貞潔和婦女生育。宙斯同意她的請求，因此阿提米絲與智慧女神雅典娜、爐灶女神荷絲提雅並稱為希臘神話的三大處女神。

即便被迎回奧林帕斯山，阿提米絲和阿波羅依然不受赫拉待見，赫拉向來痛恨情敵與宙斯的私生子女，從不給姊弟倆好臉色，找到機會就想虐待他們。好在姊弟倆相互扶持，阿波羅支持阿提米絲成為處女神的決定，為保護姊姊的貞潔，甚至會阻擋姊姊的戀情（曾因阻擋手段太激烈，被阿提米絲斷絕往來）。

弟弟阿波羅是大名鼎鼎的弓箭神，同基因的阿提米絲一樣擅長箭術，最愛帶著神界武器製造商獨眼巨人為她訂做的銀製弓箭，奔跑於山林間盡情狩獵。阿提米絲是眾神的獵手，同時保護著野生動物，這兩項職責看似衝突，但其實不然，阿提米絲尊重萬物生命，以敬意取用所需，並細心守護森林的幼小動物，就如同優秀的獵人懂得與自然和諧共處，絕不以殘害動物為樂，因此被稱為「狩獵女神」。

宙斯很疼愛阿波羅和阿提米絲，西元前五世紀的古希臘詩人與戲劇家，為這對姊弟的出生遭遇添加更多細節——宙斯爸爸為彌補姊弟倆，將太陽授予阿波羅、月亮賜給阿提米絲，以提高他倆的神職地位。

然而，正如「太陽神」名號被光明神阿波羅和日神赫利俄斯所混用，此種混淆情況同樣出現在「月亮神」的名號上。希臘神話中真正掌管月亮的女神是塞勒涅，她是正港日神赫利俄斯的姊妹，每夜駕駛銀色月車飛馳星空，和赫利俄斯輪班形成晝夜交替。在後期希臘神話和羅馬神話中，隨著阿波羅的聲望日益擴大，逐漸取代赫利俄斯成為太陽神之時，阿提米絲也連帶受惠，成為白天打獵晚上守夜，行程滿檔的狩獵女神兼月亮女神。

月亮是黑夜最閃耀的星體，自古被賦予各種神祕想像，其盈虧圓缺的規律特性，使神職類似的月亮女神混生成多重面貌的「三相女神」：天界的塞勒涅代表滿月與母親的形象、人間的阿提米絲代表盈月與貞潔少女的形象、冥界的黑月女神黑卡蒂 (Hecate) 或冥后波瑟芬妮代表虧月與老媼的形象。因為這層關係，在某些崇拜月亮的信仰中，阿提米絲也帶著玄祕的巫術色彩。

阿波羅計畫與阿提米絲計畫

為了揭開月亮的神祕面紗，美國航空暨太空總署（NASA）組織一系列載人登月飛行任務「阿波羅計畫」。一九六九年七月進行阿波羅十一號任務時，人類終於首次正式登月成功，太空人阿姆斯壯（Neil Alden Armstrong，一九三〇～二〇一二年）左腳踏上月球，說出了千古金句：「這是個人的一小步，卻是人類的一大步。」萬年以來，人類在夜晚仰望高掛天際的月亮，觀察這顆美麗星球的盈缺，如今終於能一窺月亮奧祕，可以想見是多麼激勵人心的畫面！

阿波羅計畫於一九七二年結束十七號任務後，就再無其他登月太空計畫。不過，NASA於二〇一七年宣布重新登月，預計把一批太空人送上月球，並於月球建立長期科學研究駐點，最終目標在為人類未來登陸火星作準備，而此項接續阿波羅計畫的登月計畫正命名為「阿提米絲計畫」。若計畫順利，這對孿生雙胞胎將在現實世界以科學形式留名於月。（但我只想問明明是登「月」計畫，為何一開始取名不是「阿提米絲計畫」？）

藝術主題——狩獵女神的藝術形象

希臘神話的阿提米絲，對應羅馬神話的黛安娜。古典藝術的阿提米絲常被描繪為身材高䠷的美麗少女（運動系女子身材果然很好！），棕色長捲髮綁在身後，身著帥氣獵裝、手持銀製弓箭，駕駛一輛由牝鹿拉動的銀車，周圍環繞一群呼嘯開路的獵犬。

阿提米絲最明顯的造型特徵是她頭戴的新月冠，其他女神不會佩戴月冠，因此成為她的獨家註冊商標（《美少女戰士》水手月亮月野兔的造型正取材於此）。欣賞藝術品時，掌握以下人物特徵，即能辨識出這位「狩獵女神」。

✦ 3個人物特徵

(1) 識別穿搭：頭戴新月冠

(2) 必備萌寵：獵狗、牝鹿等野生動物

(3) 專屬神器：銀製弓箭，此乃獨眼巨人匠心打造的御用兵器

阿提米絲和阿波羅是少見的雙胞胎神，姊弟倆的同框畫面數量不少。

〈勒托和她的孩子阿波羅和黛安娜〉(*Latona with Her Children Apollo and Diana*)
門斯（Anton Raphael Mengs，1728～1779 年），繪於 1769 年，藏於德國班貝格歷史博物館

→ 就算不露出新月冠，阿提米絲手持弓箭、嘴吹號角的颯爽背影，仍顯狩獵女神的帥氣英姿。

〈女獵手黛安娜〉(*Diana the Huntress*)
奧拉齊奧·真蒂萊斯基（Orazio Gentileschi，1563～1639 年），繪於 1624～1630 年，藏於法國南特美術館

← 阿提米絲和弟弟阿波羅一樣，也愛教訓同屬弓箭神的小屁孩愛神邱比特。

〈黛安娜和邱比特〉
(*Diana and Cupid*)
巴托尼（Pompeo Batoni，1708～1787 年），繪於 1761 年，藏於美國大都會藝術博物館

現場直擊女神出浴

——狩獵女神與阿克泰翁

阿提米絲誓言成為處女神，請求宙斯允許她永保貞潔，因此對任何毀及她清譽的雄性生物絕不寬容，有時甚至反應過度，例如獵人阿克泰翁 (Actaeon) 就是個衰小倒楣鬼，倒楣到讓人不禁為他掬一把同情的眼淚……。

作為狩獵女神的阿提米絲，負責掌管野生動物和保護幼獸，平日休閒活動是在林間馳騁畋獵。最常與阿提米絲相伴的「處女狩獵團」，是一群追隨她的山林水澤寧芙們，她們嚮往獨立自主，自願效法阿提米絲永守貞潔，對戀愛無感的她們彼此約束，反倒更像「戀愛去死團」（代表成員之一是阿波羅的初戀情人達芙妮，寧願變成植物人也不談戀愛）。

阿提米絲帶著狩獵團結束打獵後，常相約去溪泉池畔沐浴洗香香。一日，她們照慣例在山間岩洞沐浴，這岩洞深處有座天然清泉流注的祕境池塘，是阿提米絲最愛的專屬浴池。阿提米絲與寧芙們洗得正開心，突然有位不速之客無預警闖入，直擊女神的洗浴現場。

這位不速之客是阿克泰翁，這天他和同伴們帶著一群獵犬在林間打獵，又熱又渴的他帶著獵犬群獨自脫隊，循著水聲不小心誤闖女神的岩洞浴池。忽然撞見活色生香的美景，阿克泰翁驚呆了，卻捨不得眼前春色無邊，居然像個痴漢傻傻盯著這群赤身裸體的美少女們。

寧芙們驚聲尖叫，為避免女神走光，團團將阿提米絲圍在中間，但依然遮不住高䠷的阿提米絲，女神雪白圓潤的肩頭就這樣曝光在男人灼熱的視線中。被冒犯的阿提米絲不遮了，氣得大喊：「變態偷窺狂，我要代替月亮懲罰你！」反手將水珠往阿克泰翁身上一潑。沒想到，男人頭上立刻長出兩支犄角，脖頸隨之向前伸長，最後化成一頭公鹿。變成公鹿的阿克泰翁嚇得衝出岩洞，守在岩洞外的獵犬群見到公鹿，本能追上去撲咬他。阿克泰翁為躲避獵殺而不斷奔跑，最後耗盡氣力不支倒地，被自己飼養的五十隻獵犬給活活咬死。

神話中的阿克泰翁是位箭術精湛的優秀獵人，他觸怒阿提米絲被變形成公鹿的原因其實有多種故事版本，但人們喜歡以這則偷看女神洗澡的故事，突顯阿提米絲誓死守護貞潔的形象。阿克泰翁大概從未想過「看一眼」的後果，必須以性命作為代價吧！其實仔細想想，會發現這段故事有強烈的既視感，今日社會新聞仍有類似案件——無辜民眾只因「看一眼」就慘遭惡煞打成重傷！只能這麼說，惡煞阿提米絲雖然是細心的動物保護者，但男人這種動物一定不在她的保護範圍內。

藝術主題——狩獵女神與阿克泰翁

阿克泰翁撞見女神沐浴是個名場景，藝術家可以放膽想像女神出浴、收藏家可以藉機意淫女神，因此貞潔的阿提米絲反倒成為西方裸體藝術的熱門浴女之一。欣賞藝術品時，掌握以下關鍵線索，即能辨識此藝術主題。

✦ 4個關鍵線索

(1) 主要人物1：處女狩獵團，一群正在洗浴的裸體少女

(2) 主要人物2：阿提米絲，頭戴新月冠的裸體少女

(3) 主要人物3：阿克泰翁，身著獵裝且佩帶弓箭，有時頭上會冒出犄角的男人

(4) 畫面場景：山間岩洞浴池

提香的〈黛安娜和阿克泰翁〉與〈歐羅巴的掠奪〉一樣，是由西班牙王子菲利普二世委託提香所創作的〈詩篇〉系列作品之一，描繪阿克泰翁貿然闖入女神澡堂的瞬間畫面。頭戴新月冠的阿提米絲暴露於男人視線中，忙亂遮掩的神情既驚且怒。阿提米絲和阿克泰翁對峙畫面兩端，中間穿插著許多同樣赤裸的寧芙，或拿浴巾遮擋，或躲到石柱後方，逼真傳神的姿態彷彿傳來少女們的驚慌尖叫。闖入者阿克泰翁被眼前美景驚呆了，手中弓箭掉落地上，往後退的同時似乎還說著：「抱歉抱歉，我不是故意偷看，只是眼神移不開。」

此畫是提香晚年的作品，有他成熟期的風格特點。提香慣用鮮豔色彩作畫，特別喜歡金黃色的他，筆下女體總顯得豐美豔麗；他同時擅長撞色技巧，紅藍或黃紫等各種大膽配色，在他天才的構圖技巧上顯得和諧。

〈黛安娜和阿克泰翁〉(*Diana and Actaeon*)
提香（Titian，1490～1576 年），繪於 1556～1559 年，藏於蘇格蘭國家畫廊／英國倫敦國家美術館

➔ 左起第二位寧芙帶著好奇微笑盯著阿克泰翁，而阿克泰翁竟也盯著她瞧，他倆眼神火花交流、姿勢相映成趣。阿克泰翁變身前的最後一刻，似乎一見鍾情了！

〈黛安娜和阿克泰翁〉
(*Diana and Actaeon*)
朱塞佩諾（Giuseppe Cesari，1568～1640 年），繪於 1602～1603 年，藏於匈牙利布達佩斯美術博物館

← 女神澡堂應該要掛個「男賓止步」警告牌，避免殃及傻傻找水喝的一般民眾。

〈黛安娜和阿克泰翁〉
(*Diana and Actaeon*)
德沃伊斯（Ary de Vois，1631/1635～1680 年），繪於 1671 年，藏於波蘭瓦津基宮

苦情虐戀睡美男

——月神與恩底彌翁

阿提米絲問都沒問，處女神的厭男症反射神經發作，直接將闖入者阿克泰翁變成公鹿，簡直就是鐵錚錚的鋼鐵烈女。不過，阿提米絲雖立下守貞重誓，但仍保有七情六慾，也曾在愛如潮水中暈船，刻骨銘心的初戀，成為她永誌難忘的遺憾……。

皓月當空的夜晚，阿提米絲照例巡行夜空，她無意間低頭一看，一位在靜謐山谷間沉睡的牧羊人，突然吸引住她的目光。牧羊人很年輕，是青春正盛的美好年紀，阿提米絲看著牧羊人的俊美睡顏，瞬間芳心蕩漾，封閉已久的少女心突然覺醒了。阿提米絲深怕吵醒牧羊人，輕緩自夜空降落，匆忙而深情的偷吻了牧羊人的臉龐。

這位牧羊人叫恩底彌翁 (Endymion)，常在小亞細亞的拉塔莫斯山 (Mount Latmus) 牧羊和狩獵，牧羊人為了看管羊群，會在山林間紮營夜宿。因為女神輕柔的一吻，恩底彌翁悠忽轉醒，矇矓見到眼前散發柔和月暈的絕美容顏，竟以為自己做了場美夢。阿提米絲沒想到恩底彌翁會突然醒來，嬌羞的說不出話來，急忙轉身飄忽而去，留下恩底彌翁呆愣在原地。

自此，情竇初開的阿提米絲就像暗戀籃球隊隊長的學妹，每夜都會特地繞來拉塔莫斯山，遠遠看著俊美帥氣的恩底彌翁，即便不交談，光是偷看就心滿意足了。接下來的故事發展成兩套劇情：一說阿提米絲為了偷看恩底彌翁，失職耽誤夜巡而引起宙斯的注意，讓宙斯爸爸決定斬斷這段孽緣；另一說是阿提米絲太愛恩底彌翁，擔心凡人之軀終將老去，因此向宙斯爸爸討論該如何處理這段戀情。

無論是哪種版本，宙斯都告誡戀愛腦女兒，凡人想長生不老的唯一方法就是長眠不醒，唯有此方才能保存人類易衰的肉體。（宙斯曾將自己的小情夫蓋尼米德化作星座永保青春，也曾賜給邱比特愛人賽姬瓊漿玉飲，助她脫離凡胎。爸爸暗藏一手，擺明不贊同女兒高調談戀愛。）

阿提米絲深深著迷於恩底彌翁的美貌，同意了宙斯的提案，恩底彌翁從此陷入長眠，再也沒有醒來過。每個夜晚，阿提米絲會現身於愛人長眠的山裡，但也只能哀傷的看著恩底彌翁安詳的睡臉，如同她第一次陷入愛情的那一刻。

這場苦情虐戀以遺憾收場，賺人熱淚的結局成為希臘悲劇的愛用題材，但其實再仔細想想，這則故事可真是毛骨悚然啊——恩底彌翁受到女神的愛慕青睞，莫名其妙在年華正盛之時被永久保鮮，美其名是青春永駐，實際上卻不得善終。阿提米絲愛的不是他的靈魂，而是他的肉體，所以同意把他當物品收藏，而非心靈的交流陪伴。

藝術主題——月神與恩底彌翁

這場苦情虐戀的第一代女主角本應是原始月亮女神塞勒涅（塞勒涅不是處女神，有流傳塞勒涅為恩底彌翁生下五十個女兒的神話版本），無奈塞勒涅和阿提米絲的神職遭到後人混淆，連帶她的愛情故事也跟著被套用到阿提米絲身上。這個愛情藝術主題的出鏡率頗高，畫家聚焦於「月神偷看或偷親恩底彌翁」的畫面。欣賞藝術品時，掌握以下關鍵線索，即能辨識此藝術主題。

✦ 3個關鍵線索

(1) 主要人物1：阿提米絲，痴痴看著閉眼少年的少女，關鍵特徵請見「狩獵女神的藝術形象」

(2) 主要人物2：恩底彌翁，閉眼睡覺的少年

(3) 畫面場景：夜晚的山林場景

十八世紀洛可可風格畫家福拉歌那的〈黛安娜與恩底彌翁〉，描繪阿提米絲意外發現沉睡中的恩底彌翁。文藝復興時期的畫家，大多將阿提米絲塑造成瀟灑女獵手（除了她裸體洗澡被偷窺時），但洛可可時期的福拉歌那，將女獵手改造成身穿水藍絲綢的嬌滴滴小少女，除了身後一彎新月，沒有其他狩獵女神原有的表徵。畫面添加手持金箭的邱比特，加強這幅畫作的愛情定位。

福拉歌那徹底發揮洛可可「甜美細膩，優雅尋歡」的風格，筆下世界是人間不可見的夢幻仙境，場景雖是黑夜，但他通過粉藍和灰色，使夜晚產生慵懶而柔和的氛圍。

〈黛安娜與恩底彌翁〉(*Diana and Endymion*)
福拉歌那（Jean-Honoré Fragonard，1732～1806 年），繪於 1753 ／ 1756 年，藏於美國華盛頓國家藝廊

➔ 偷親一下不犯法吧！誰叫你長這麼帥！（此舉觸犯性騷擾防治法，警察杯杯已在路上）

〈黛安娜和恩底彌翁〉(*Diana and Endymion*)
特雷維薩尼（Francesco Trevisani，1656～1746 年），約繪於 1713 年，藏於德國黑森邦卡塞爾博物館群

← 月神大車隊下凡也吵不醒睡美男，恩底彌翁徹底陷入長眠。

〈黛安娜和恩底彌翁〉(*Diana and Endymion*)
皮托尼（Giambattista Pittoni，1687～1767 年），繪於 1723 年，藏於俄羅斯艾爾米塔什博物館

Chapter

13

諸神信使——荷米斯

Hermes

有拜有保庇的跨界喬事王

——信使之神的藝術形象

行動迅速敏捷、個性機靈狡猾，來去如風自由的荷米斯，是唯一能穿梭天界人間冥府的神，除了擔任傳遞神意的信使，也是陰陽兩界的亡靈接引神。跨界傳訊的概念，使他被延伸為旅行之神和商業之神。荷米斯手拿一根商神杖，拜他絕對穩賺不賠！

荷米斯小檔案

希臘名	荷米斯 (Hermes)
羅馬名	墨丘利 (Mercury)
神　職	諸神信使、黃泉引路神、商旅之神、偷盜之神
聖　物	雙蛇杖（商神杖）、雙翼鞋、雙翼帽、陸龜、公雞、蛇

諸神雖然任意遊戲人間，但若要向人界傳達旨意、命令和意志，就需透過「信使」這一專門神職，作為正式的溝通中介。希臘神話主要有兩位信使：彩虹女神伊麗絲、荷米斯。兩神最大差異在於，伊麗絲是天后赫拉的貼身仕女，只聽從宙斯和赫拉的皇家命令，忠實執行任務且不參與個人意見（例如赫拉在勒托生產時，命令伊麗絲去監視勒托一切動向）；荷米斯則不受限於此，他傳遞諸神旨意，與諸神關係良好，時常友情客串各則神話故事，這裡喬一下那邊卡個位，出場率之高，到處都可以看到大家的好朋友荷米斯。

信使之神負責向人界傳遞諸神的信息，簡單來說就是傳聲筒的角色，但這並非輕鬆勝任的職務。作為優秀的信使，荷米斯擁有幾項其他神祇無可取代的優點：㈠行動敏捷：荷米斯行動快效率高，能迅速執行眾神指令。㈡社交手腕：荷米斯周旋各方，極懂外交禮儀和社交關係，處事手段圓融謹慎。㈢口舌伶俐：荷米斯是公開場合的演講者兼遊說者，能言善道具辯論技巧。除此之外，荷米斯天生聰明機靈且有個人主見，簡直就是最完美的喬事王，因此深受宙斯信賴，常指派他處理各種公私事。

荷米斯的通行範圍之廣，除了天界和人間，連眾神勿入的冥府也任他自由行，最有名的例子是冥王黑帝斯霸道擄走了穀物女神狄蜜特的愛女波瑟芬妮，宙斯為了平息狄蜜特的怒火，只好派遣荷米斯到冥界，強制帶回已成為冥后的波瑟芬妮（冥王擄妻事件請看〈霸道總裁逼我嫁〉）。除了冥王和冥后，荷米斯是少數能自由出入冥府的神，此種穿梭陰陽兩界的特性，使他順便成為亡靈接引神，帶領人類死後的靈魂抵達冥河阿刻戎河（Acheron），再轉交給冥河擺渡船夫卡戎（Charon），將亡靈載到阿刻戎河對岸，進入真正的冥府。順帶一提，擺渡者卡戎會向每位亡靈收取渡河船費，付不起船費的亡靈，只能徘徊在河岸邊當孤魂野鬼。古希臘人舉辦正式葬禮時，習慣在死者緊閉的雙眼上放兩枚硬幣，即是要給卡戎的渡河船費。

荷米斯的主要工作是諸神信使，但他小蜜蜂嗡嗡嗡飛到西又飛到東，跨界商旅並互通訊息的概念，延伸成另兩種有拜有保庇的神職：

一是「旅行之神」，荷米斯被指派任務四處奔走，所以他連帶會保護旅行者，並懲罰拒絕幫助旅行者的人，因而被視作旅行之神、道路平安之神（古代沒有旅行平安保險，出門前先拜荷米斯）。

二是「商業之神」，荷米斯從流通信息的功能，擴大成貨物疏通和商業貿易的概念，而經商成功能夠致富，因此荷米斯也被視作保護商人的商業之神、財富之神。荷米斯不離手的「雙蛇杖」，被視為商業和國際貿易的圖像，希臘人相信只要帶著雙蛇杖，或刻有雙蛇杖圖像的護身小物進行買賣，絕對穩賺不賠，所以又被稱為「商神杖」。

關於這根保庇發財的雙蛇杖，其造型為兩條蛇螺旋纏繞的黃金手杖。黃金手杖由光明神阿波羅所贈，至於那兩條蛇的由來，目前通用的故事版本為荷米斯看到兩條蛇打架，他將黃金手杖插到兩蛇中間調停，沒想到兩蛇馬上和好，並交纏於黃金手杖上，從此荷米斯保留這兩條蛇作為和平象徵。（再次確認是喬事王！）

藝術主題——信使之神的藝術形象

希臘神話的荷米斯，對應羅馬神話的墨丘利。荷米斯是具備健美體格的青年神，因其神職是穿越三界的信使，為展現他的迅速敏捷，其藝術造型圍繞「翅膀」的設計元素。欣賞藝術品時，掌握以下人物特徵，即能辨識出這位「信使之神」。

✦ 2個人物特徵

(1) 識別穿搭：身披旅行披風、頭戴羽翼帽、腳穿羽翼鞋（有時直接從雙腳腳踝長出翅膀）

(2) 專屬神器：雙蛇杖，一根螺旋纏繞兩條蛇的金色手杖，手杖頂部有時會加裝一對翅膀

➔ 荷米斯手拿兩根雙蛇杖和錢袋，腳底一堆金銀財寶，大家還不趕快拜希臘財神爺發大財！

〈墨丘利離開安特衛普〉(*Mercury Departing from Antwerp*)
魯本斯（Peter Paul Rubens，1577～1640年）、范圖爾登（Theodoor van Thulden, 1606～1669 年），繪製年代不詳，藏於瑞典國立博物館

← 宙斯信賴荷米斯，常指派他處理各種不能見光的私事（赫拉正在後面盯場）。

〈朱庇特命令墨丘利殺死阿耳戈斯〉(*Jupiter Orders Mercury to Kill Argus*)
范布隆克霍斯特（Jan Gerritsz van Bronckhorst，1603～1661 年），約繪於 1656 年，藏於荷蘭烏特勒支中央博物館

⇧ 荷米斯帶領亡靈來到冥河阿刻戎河，等待擺渡者卡戎前來接應。

〈阿刻戎河岸的亡靈〉(*Souls on the Banks of the Acheron*)
希瑞米－希爾舒（Adolf Hirémy-Hirschl，1860～1933 年），繪於 1898 年，藏於奧地利美景宮美術館

⇦ 荷米斯帶領波瑟芬妮從冥界返回人間，重回母親狄蜜特的懷抱。

〈波瑟芬妮的歸來〉(*The Return of Persephone*)
雷 頓（Frederic Leighton，1830～1896 年），約繪於 1891 年，藏於英國列斯畫廊

偷盜之神的起家故事

——阿波羅與荷米斯

荷米斯的主要神職是信使，副業是亡靈接引神、旅行之神、商業之神，但最令人驚訝的是，他居然還是古希臘小偷和竊賊膜拜的祖師爺「偷盜之神」？

荷米斯的父親是宙斯，母親是邁亞(Maia)。邁亞是希臘神話的山林寧芙，和她六位妹妹合稱為普勒阿得斯七姊妹(Pleiades)，後來化作天空昴星團最亮的七顆星。邁亞生性害羞邊緣人，平常遠離眾神，獨居在阿卡迪亞地區(Arcadia)的基利尼山(Mount Kyllini)，因此和宙斯愛愛懷孕後，能躲過赫拉的抓姦天眼通，在洞穴裡平安產下荷米斯。

和媽媽的害羞個性截然不同，荷米斯天生調皮搗蛋，早上出生，下午就跑出洞穴，興奮探索未知的世界。小荷米斯看到哥哥阿波羅飼養的五十頭神牛，覺得好帥好羨慕，便耍小聰明將神牛全部偷走，還不忘在牛蹄綁上樹枝，讓牛群邊走邊掃去蹄印，故意消除犯罪痕跡，使飼主阿波羅無法追蹤。

小荷米斯領著牛群悠哉遊蕩，半路看到一隻烏龜，又搗蛋偷了龜殼，在龜殼上插入牛角、邊緣鑽幾個小洞，再抽出七條神牛牛筋，綁緊龜殼做成豎琴。等小荷米斯玩夠了，便把這群神牛藏在某個山洞裡，宰殺其中兩頭牛飽餐一頓，最後若無其事回到邁亞媽媽的洞穴裡睡覺。（出生一天不喝牛奶直接吃全牛，真的很狂！）

阿波羅發現寶貝神牛不見，占卜得知盜賊是小荷米斯，怒氣沖沖跑去邁亞的洞穴興師問罪（阿波羅身兼預言神，占卜當然是必備技能啦！）。小荷米斯賣萌裝無辜說寶寶沒有，邁亞媽媽也說我兒子很乖你別沒事找麻煩，母子倆一搭一唱，氣得阿波羅直接揪住小荷米斯，上奧林帕斯山找爸爸宙斯評理。

宙斯為了平息阿波羅的怒氣，命令小荷米斯將神牛歸還給阿波羅。荷米斯雖然古靈精怪，卻很聽從宙斯的話，除了還回四十八頭神牛（另兩頭被當作牛排吃掉了），還把他發明的豎琴送給阿波羅作為補償。這把牛角龜殼的七弦豎琴又稱里拉琴，阿波羅對里拉琴的優美音色大為驚豔，覺得這把琴十分匹配他藝文神的封號，因此成為他的專屬樂器，去哪裡都要彈一下。

阿波羅很滿意這把里拉琴，高興的回贈荷米斯一根能帶來健康與幸福的黃金手杖。荷米斯很珍惜這根手杖，總是隨身攜帶不離手，之後還以手杖化解兩條蛇的紛爭，成為大名鼎鼎「雙蛇杖」的由來。

荷米斯和阿波羅互贈禮物，故事圓滿結局，但荷米斯犯下的偷牛罪行，加上狡猾機靈的個性，使他成為古希臘小偷和竊賊的祖師爺。這神職實在尷尬，畢竟我們心目中的神祇，應該是懲罰而非保護為非作歹的惡徒，但各行各業都需要職業守護神，因此荷米斯無奈被迫成為「偷盜之神」。

藝術主題——阿波羅與荷米斯

這起神牛偷竊案轉化成藝術形式，大多描繪兄弟互贈禮物的美好畫面。荷米斯雖然才出生一天，但藝術家為了使觀畫者便於辨識，習慣將他描繪成青年形象。欣賞藝術品時，掌握以下關鍵線索，即能辨識此藝術主題。

✦ 4個關鍵線索

(1) 主要人物1：荷米斯，關鍵特徵請見「信使之神的藝術形象」
(2) 主要人物2：阿波羅，關鍵特徵請見「阿波羅的藝術形象」
(3) 識別物件：主要人物交換里拉琴、手杖
(4) 畫面場景：山林野地，偶爾有一群牛點綴其間

十七世紀法國畫家科佩爾深受法國繪畫之父普桑的影響，繪畫風格強調構圖和色彩的協調性。〈阿波羅和墨丘利〉頭戴羽翼帽、腳踝生羽翼的男子，確認是標準配備的荷米斯。至於金髮六塊肌的俊美男子，看身材就能確認是陽光型男阿波羅，他已收下作為賠禮的里拉琴，準備遞出手上的黃金手杖作為回禮，整幅畫作以柔和金色呈現兄友弟恭的溫馨氛圍。

〈阿波羅的故事—阿波羅和墨丘利〉(*Story of Apollo—Apollo and Mercury*)
諾埃爾．科佩爾（Noël Coypel，1628～1707 年），約繪於 1688 年，藏於法國凡爾賽宮

➔ 正版里拉琴究竟長什麼樣子呢？此畫的里拉琴應是最接近原文描述「龜殼插著牛角，再繫上七條牛筋」的奇妙樂器。

〈阿波羅和荷米斯〉(*Apollon og Hermes*)
漢森（Constantin Hansen，1804～1880年），繪於1819～1880年，藏於丹麥國立美術館

← 里拉琴是弦樂器始祖，有時候也會出現阿波羅改拿小提琴的畫面。

〈阿波羅和墨丘利風景畫〉(*Landschaft mit Apollo und Merkur*)
洛蘭（Claude Lorrain，1604/1605～1682年），約繪於1645年，藏於義大利多利亞潘菲利美術館

神王下令斬首百眼巨人

——荷米斯與阿耳戈斯

喬事王荷米斯聰明機伶，深得宙斯信任，宙斯視他為貼心小祕書，常指派他處理各種公事和不好見光的私事。乖兒子荷米斯不負所託，連掩蓋父親的婚外情也喬得一把罩，最有名的一件事，就是被派去拯救宙斯的可憐情人「伊俄」。

本書〈孔雀美麗尾羽下的殘忍祕密〉有提過伊俄的故事，大意是宙斯為閃避大老婆赫拉抓姦，把伊俄變形成白色小母牛，但赫拉懷疑小白牛的真實身分，特意指派百眼巨人阿耳戈斯嚴加看管。

宙斯不敢親自出面，但也無法忍受這種狀況，於是派遣荷米斯去喬一下。荷米斯化身牧羊人，一邊朝著阿耳戈斯走去，一邊吹著豎笛，優美笛音迴盪山谷，使百般無聊的阿耳戈斯心情愉悅。阿耳戈斯主動向這位陌生的牧羊人搭話，並邀請他來身邊閒聊，牧羊人坐在阿耳戈斯身旁談天說地，不時吹奏柔和的安眠曲。阿耳戈斯毫無戒備，在放鬆的氣氛中昏昏欲睡，一百隻眼睛終於一隻一隻緩緩闔上了。

阿耳戈斯完全沒料到，生平第一次把眼睛全部閉起來的下一秒，就被假牧羊人荷米斯以預藏的利刃砍斷脖子。荷米斯放走白色小母牛伊俄，迅速打包外帶阿耳戈斯的頭顱，只在犯案現場留下一具無頭屍首。

赫拉得知部下被斬首的消息十分惱火，但知道兇手是荷米斯，就猜到幕後主使者是誰了。赫拉不好發作，只能向荷米斯要回阿耳戈斯的百眼頭顱，把一粒粒眼睛挖下來，裝飾在聖鳥孔雀的尾羽，用來提醒宙斯他所犯下的背叛。

藝術主題——荷米斯與阿耳戈斯

荷米斯化身牧羊人斬首百眼巨人阿耳戈斯的戲劇張力十足，是常見的藝術主題。阿耳戈斯雖是百眼巨人，但藝術表現並不會刻意強調百隻眼睛，造成觀畫者密集物恐懼的心理不適。欣賞藝術品時，掌握以下關鍵線索，即能辨識此藝術主題。

✦ 4個關鍵線索

(1) 主要人物1：假扮成牧羊人的荷米斯，手拿豎笛（行兇前）或手拿長劍（行兇中），其他關鍵特徵請見「信使之神的藝術形象」

(2) 主要人物2：阿耳戈斯，熟睡的老男人

(3) 主要動物：一頭白牛

(4) 畫面場景：山林野地，偶爾有一群牛點綴其間，牛群絕對有一頭白牛！

巴洛克晚期的義大利畫家甘道菲，是十六世紀末崛起的波隆那畫派最後一位偉大畫家。甘道菲在一七七〇～一七七五年間，受邀為波隆那的馬雷斯卡爾基宮(Marescalchi)

進行牆面裝飾設計，他以古典神話為主題創作出六幅作品，其中兩幅便取自「荷米斯和阿耳戈斯」的故事。

兩幅作品描繪故事的連續橋段，第一幅〈墨丘利哄阿耳戈斯入睡〉，背對畫面的男子頭戴羽翼帽、腳踝長羽翼，標準配備表明他正是荷米斯，他低頭吹奏長管，身側凶器昭然若揭難以忽視，遠處配置一頭白牛作為這則故事的提醒。第二幅〈墨丘利即將斬首阿耳戈斯〉，阿耳戈斯已昏沉睡去，荷米斯手握長刀，回頭對觀畫者示意安靜，以免吵醒沉睡的巨人。此種將觀畫者帶入現場情境的手法在當時代實屬少見。雖然表現手法趣味，但畫家將一尊百眼巨人描繪成一介平凡老人，這落差也未免太過乏味。

右圖：〈墨丘利哄阿耳戈斯入睡〉(*Mercury Lulling Argus to Sleep*)
左圖：〈墨丘利即將斬首阿耳戈斯〉(*Mercury About to Behead Argus*)
甘道菲（Ubaldo Gandolfi，1728～1781 年），繪於 1770～1775 年，藏於美國北卡羅萊納州藝術博物館

推薦荷米斯與睡眠實驗室合作發行〈一秒入睡！深層睡眠音樂〉長笛專輯包準大賣！

〈墨丘利和阿耳戈斯〉(*Mercury and Argus*)
勒內－安托萬．豪斯（René-Antoine Houasse，1645～1710 年），約繪於 1688 年，藏於法國凡爾賽宮

我們無冤無仇，但宙斯爸爸的命令必須遵守！

〈墨丘利和阿耳戈斯〉(*Mercure et Argus*)
魯本斯（Peter Paul Rubens，1577～1640 年），繪於 1636～1638 年，藏於西班牙普拉多博物館

Chapter 14

酒神——戴奧尼索斯

Dionysus

快樂又瘋癲的成神之路

——酒神的藝術形象

01

戴奧尼索斯小檔案

希臘名	戴奧尼索斯 (Dionysus)
羅馬名	巴克斯 (Bacchus)
配　偶	阿麗雅德妮 (Ariadne)
神　職	酒神、歡樂之神、戲劇之神、狂喜之神
聖　物	酒神杖、葡萄藤、花豹

戴奧尼索斯的主要神職為葡萄酒神、歡樂之神、戲劇之神。他是神王宙斯與凡間女子的混血兒，希臘神話的半神人混血種，注定一生乖舛幾經波折，但終究會戰勝命運拋出的骰子，脫胎換骨成為名震天下的英雄。戴奧尼索斯的偉大在於，他不只成為英雄，甚至成為神祇；到了神話晚期，爐灶女神荷絲提雅為他讓出奧林帕斯十二神的寶座，可說是一段勵志的傳奇故事。

關於戴奧尼索斯的傳奇出生有多種故事版本，最廣為流傳的說法是父親為宙斯、母親是凡間公主塞墨勒 (Semele)。塞墨勒的父親是希臘底比斯城建國國王卡德摩斯 (Cadmus，腓尼基國王阿戈諾爾的兒子，歐羅巴公主的親哥哥)、母親是和諧女神哈爾摩妮 (Harmonia)，因此塞墨勒公主算是位半神。

濫情渣男宙斯愛上塞墨勒公主，化身凡人於深夜悄悄造訪，並與她多次床上幽會，等天后赫拉發現時，公主早已身懷六甲。赫拉當然不會放過任何打小三的機會，這次她變成公主的貼身老保姆，不停慫恿公主向宙斯提出要求，希望宙斯顯現天神真身以證明他的真心。

要知道凡人無法以肉眼直視天神神威，但愛昏頭的宙斯曾在冥河斯提克斯河立下重誓，答應會滿足塞墨勒的所有願望，他拗不過公主的再三請求，只好現出天神真身。即便塞墨勒是半神，看到宙斯閃瞎人的熾熱神光，仍當場被熊熊雷火燒成灰燼！宙斯眼見如此慘況，立即搶救塞墨勒肚裡不足月的胎兒，還把自己的大腿當作嬰兒包溫箱，將早產兒縫進自己的大腿內，直到胎兒足月再取出，而這誕生下來的孩子即是戴奧尼索斯 (宙斯不愧是神王，身體構造如此獵奇，繼他從腦袋生出雅典娜後，再次從大腿生出戴奧尼索斯)。

宙斯私生子的戴奧尼索斯出生後，遭到赫拉鍥而不捨的迫害，宙斯為了保護兒子，吩咐信使之神荷米斯將他送到安全的地方。荷米斯輕忽了赫拉的恨意，完全沒料到赫拉手段竟如此兇殘，竟無情傷害所有收養小戴奧尼索斯的寄養家庭，最後只好將他藏在無人知曉的妮莎山谷 (Nysa)，交由許阿德絲六姊妹 (Hyades) 照顧至成年。宙斯為了答謝六姊妹，將她們化作星宿間的雨星，據說她們一出現就會下雨。

妮莎山谷是世上最優美的谷地，小戴奧尼索斯在許阿德絲六姊妹、山林動物、半人半羊種族薩提爾 (Satyr) 的陪伴下，度過還算安穩的童年生活。山谷長滿了可口的葡萄樹，他發現種植葡萄樹的方式，也發明葡萄釀酒的技術。成年後的戴奧尼索斯離開妮莎山谷，原以為事過境遷，卻被記恨他的赫拉繼續迫害，被赫拉逼到瘋癲的戴奧尼索斯，神智不清的流浪世界各處，多年後才由宙斯之母泰坦神瑞亞醫好了他的瘋病。

戴奧尼索斯每流浪到一處，就教導當地人民種植葡萄，並傳授釀酒技術。當眾神在奧林帕斯山暢飲神仙玉飲時，戴奧尼索斯為人間帶來快樂的液體——葡萄酒，雖不能長生不死，卻能飄飄然如入仙境。各地人們感謝戴奧尼索斯賜予葡萄酒，以神明之禮待他，被大多數人視為葡萄之神、葡萄酒神。

人們有多熱愛葡萄酒，酒神的地位就有多崇高，戴奧尼索斯具有一半神性，但不像其他神祇天生好命，他的成神之路是自己經營出來的——「兩次出生」，戴奧尼索斯先後從母親子宮和父親大腿誕生，象徵他死而復生的偉大力量，藉此灌輸信徒肉體將死但靈魂永存的信念。「一生流浪」，戴奧尼索斯足跡遍及各處，沿途散播他的神力和釀酒技術，廣納海內外龐大信眾。飲酒伴隨而來的微醺陶醉和歡樂狂喜，讓戴奧尼索斯亦被稱作歡樂之神或狂喜之神，吸收一大群瘋狂粉絲「酒神女信徒」（藉由酒精使信徒陷入狂喜狂歡，超像邪教控制信徒的方式）。

酒神賜予的葡萄酒使信徒們產生自由和快樂，相信自己能成就不可能做到的事（也就是藉酒壯膽），即便喝酒帶來的快樂總是短暫，卻暗示人們解放束縛後的內在力量。到了希臘神話晚期，戴奧尼索斯的酒神信仰如日中天，取代荷絲提雅晉升為奧林帕斯十二神之一，戴奧尼索斯憑藉自己的力量，終於不用再害怕赫拉的打壓了。

藝術主題——酒神的藝術形象

希臘神話的戴奧尼索斯，對應羅馬神話的巴克斯。古希臘的戴奧尼索斯是長有鬍鬚、穿著寬衣的中年男子；西元前四世紀開始，他被描寫成穿著短毛豹皮或裸體的青年；希臘化時代，大家更樂於把他描繪成裸體的幼童形象（除了愛神厄洛斯外，另一位越活越年輕的神祇）。戴奧尼索斯的藝術形象深植人心，欣賞藝術品時，掌握以下人物特徵，即能辨識出這位「酒神」。

✦ 3個人物特徵

(1) 識別穿搭：穿著短毛豹皮、頭戴藤葉花環

(2) 識別物件：葡萄串、葡萄酒、酒杯等飲酒器具

(3) 專屬神器：酒神杖，一根纏繞葡萄藤葉、杖端為杉果的橄欖木手杖。古希臘酒神戴奧尼索斯的崇拜者，以及羅馬酒神巴克斯的祭司，會在祭典節慶中手持酒神杖作為儀式權杖

➔〈寶座上的巴克斯——供奉巴克斯的寧芙〉(*Bacchus on a Throne—Nymphs Offering Bacchus Wine and Fruit*)
范埃弗丁根（Caesar van Everdingen，1616/1617～1678 年），繪於 1658～1670 年，藏於德國杜塞道夫藝術宮博物館

有人的地方就有恩怨，但有我的地方只有美酒。朋友們喝起來，這攤算我的！

⬅〈巴克斯的勝利〉(*The Triumph of Bacchus*)
維拉斯奎茲（Diego Velázquez，1599～1660 年），繪於 1628～1629 年，藏於西班牙普拉多博物館

➔ 有種果汁真好喝，喝的時候 chill，喝完臉紅紅！

〈酒神巴克斯〉(*Bacchus*)
卡拉瓦喬（Caravaggio，1571～1610 年），繪於 1598 年，藏於義大利烏菲茲美術館

← 一邊尿尿一邊喝酒，有進有出無限暢飲才是酒神精神！（未成年請勿飲酒！）

〈飲酒的巴克斯〉(*Drinking Bacchus*)
圭多·雷尼（Guido Reni，1575～1642 年），約繪於 1623 年，藏於德國歷代大師畫廊

酒神的瘋狂小夥伴

——酒神與酒神信徒

若說藝文神阿波羅身旁常跟隨一組氣質女團「繆思女神」，那酒神身旁則有一群瘋狂女粉絲「酒神女信徒」，她們平日出沒山林，與野生動物和平相處，但只要幾杯黃湯下肚，發起瘋來可真是生人迴避，大家能閃多遠是多遠！

戴奧尼索斯的成神之路就像逆轉勝的勵志電影，剛出生即遭受赫拉的死亡威脅，成年後飽受赫拉的精神折磨，不知是否人生太苦才尋求酒精的慰藉，人設走一個癲狂路線。殊不知，別人笑他太瘋癲，他笑別人看不穿，戴奧尼索斯沒有自暴自棄，亟欲證明自己是真神的他，每流浪到一處，便教導當地人民種植葡萄和釀酒的技術，並藉由美酒、音樂、舞蹈舉辦狂歡慶典，進而散播他的信念，鼓勵人們掙開禮教束縛，追求自由和快樂，吸引大批信徒追隨他浪跡天涯。

戴奧尼索斯雖然教導人們釀酒技術，卻沒有告誡人們酒後亂性的後果。適量飲酒能啟發靈感和快樂，但過度飲酒卻導致瘋狂和墮落，酒前酒後帶給人的變化，具體化成了酒神的雙面形象——戴奧尼索斯在故事中，有時是快樂善良的神，有時是野蠻無情的神；有時讓人心靈溫暖，有時讓人理智淪喪。

連帶的，酒神的信徒也是如此兩極化。戴奧尼索斯的追隨者以女性為主（科學解釋可能是女性體內分解酒精的酶比較少，比男性更容易醉酒，也因此容易與酒神產生共鳴）。酒神女信徒手拿尖端飾有松果、纏繞藤葉的酒神杖，在杳無人煙的山間祭拜在大自然成長的酒神，這種回歸自然的露天崇拜使信徒心生平靜喜悅。然而，當酒神女信徒進入酒茫的恍惚狀態，她們的行徑會異常瘋狂，力大無窮無人能擋，甚至會徒手將牛羊等牲畜野獸撕碎，然後血淋淋的生吞活剝。

最有名的故事來自希臘悲劇大師尤瑞皮底斯（Euripides，西元前四八〇～前四〇六年）創作的《酒神的女信徒》(*The Bacchae*)：戴奧尼索斯四處流浪展現神蹟，最終想回到他母親塞墨勒的故鄉希臘底比斯城，證明自己是一位真神，並洗刷母親的名譽——當年塞墨勒被宙斯雷火燒成灰燼後，塞墨勒的姊姊雅高薇(Agave)曾大肆侮蔑她的私生活淫亂。戴奧尼索斯向底比斯國王彭休斯(Pentheus)說明來意，但沒有表明自己的真實身分。彭休斯不打算理睬眼前這位像流浪漢的青年，於是戴奧尼索斯使出神力感召底比斯的婦女，讓城內女性拋家棄子，集體到郊外山林歌舞狂歡。

彭休斯眼見城內局勢失控，只好和戴奧尼索斯談判，戴奧尼索斯引誘彭休斯扮成女裝，走進山林近距離觀察她們的日常行為——山林間，女信徒與動物和諧共處，盡是一片溫馨祥和的畫面，但女信徒突然發現了躲在林間窺望的彭休斯，她們一擁而上將他撕裂解體，而同樣被戴奧尼索斯蠱惑的彭休斯母親雅高薇，甚至發狂將兒子的頭顱拔下，插在酒神杖上四處炫耀……。這則故事呈現宗教與政治的衝突，代表理性的彭休斯最後犧牲在狂熱崇拜者的手上，顯示人類在酒神力量面前的渺小與脆弱。（白話翻譯就是和發酒瘋的人有理說不清，躲遠保命才是上策。）

除了沒事要閃遠點的酒神女信徒，最常陪伴酒神的小夥伴是「薩提爾」，希臘神話一種半人半羊的種族，以貪婪淫蕩的性格聞名；另一位是「西勒努斯 (Silenus)」，希臘神話的森林神祇，也是戴奧尼索斯的導師和追隨者，喝茫的他經常坐在驢子上任由薩提爾左右攙扶。雖然西勒努斯的醉態像個糟老頭，但他酒醉後具有特殊的預言能力，偶爾酒後吐真言蹦出一兩句至理名言。

古希臘戲劇的起源

祭祀戴奧尼索斯的正式祭典，大多在盛產葡萄和釀酒的地區舉行，不同於祭祀其他神祇的莊嚴肅穆，酒神祭典像是一場嘉年華，信徒在節慶期間到各處遊行狂歡，例如暢飲葡萄酒（趁機喝個爛醉）、擊奏樂器、唱山羊歌，並盡情的舞動自我。除此之外，合唱隊與舞蹈者還會共同表演歌舞「酒神頌」以讚美戴奧尼索斯。依據古希臘哲學家亞里斯多德 (Aristotle) 的說法，「戲劇」就是從酒神頌蛻變而來。

隨著時間推演，戲劇內容從原本讚美酒神的酒神頌，逐漸擴大成英雄傳奇的演出；戲劇形式也由早期的單純歌舞，改良成一套完整的表演體制，進而促成希臘悲劇這項重要文學形式的誕生。希臘悲劇的重點不在於悲，在於經由劇場的表演，帶給觀眾一種崇高的悲壯美，藉以淨化觀眾的心境，雖然不是酒精，但一樣能讓人們暫時脫離現世的煩惱，因此戴奧尼索斯也被稱為「戲劇之神」。

藝術主題——酒神與酒神信徒

早期酒神祭典的儀式特色，信徒會隨著響亮音樂和鐃鈸節奏旋轉跳舞，試圖將靈魂暫時從肉體中解放出來，進而達到出神狀態。儀式在瘋狂壯舉中達到高潮，例如徒手撕開一頭公牛，並生吃公牛肉或飲下公牛血，來感應酒神的力量。酒神帶領信徒出巡的隊伍，絕對是歌舞狂歡的熱鬧場景，欣賞藝術品時，掌握以下關鍵線索，即能辨識此藝術主題。

✦ 5個關鍵線索

(1) 主要人物：戴奧尼索斯，關鍵特徵請見「酒神的藝術形象」

(2) 主要配角：酒神的小夥伴，包含跳舞狂歡的信徒、半人半羊薩提爾、坐在驢上由薩提爾攙扶的西勒努斯

(3) **主要動物：花豹、山羊**
(4) **識別物件：藤葉環、葡萄、葡萄葉、酒神杖、酒器**
(5) **畫面場景：山林野地**

十七世紀荷蘭黃金時代的畫家和雕刻家范烏滕布魯克，經常創作《舊約聖經》和古典神話主題，以擅長描繪田園風光而聞名，其中的代表作品即是此幅〈酒神巴克斯〉，表現洋溢著音樂和舞蹈的酒神遊行隊伍，畫面細節滿布藤葉環、葡萄、葡萄葉、酒神杖、酒壺等酒神藝術主題的圖像識別元素。

頭戴藤葉環的酒神，高坐在兩隻花豹拉行的戰車上，俯看追隨他的信徒們：半人半羊的薩提爾、坐在驢上由薩提爾攙扶的西勒努斯，還有綿延不絕的男女信徒。眾人或歌或舞或醉倒路邊，呈現極致狂喜狀態；與之相反的，是慵懶靠著戰車冷眼注視一切的酒神，形成眾人皆醉我獨醒的強烈對比。在這場狂歡派對中，只有戴奧尼索斯清醒記得，自己正不斷朝壯大教派的目標邁進。（果然是邪教教主無誤！）

〈酒神巴克斯〉(*Bacchanal*)
范烏滕布魯克（Moses van Uyttenbroeck，1600～1646 年），繪於 1627 年，藏於德國安東．烏爾里希公爵美術館

酒神與酒神信徒的同歡畫面通常是好萊塢高成本大製作，不僅出場演員多、道具配件多，還有各種特殊化妝（半人半羊薩提爾族，有時還有半人馬族）。仔細觀察酒神隊伍的畫面，偶爾會發現畫家藏在其中的趣味細節。

➔〈巴克斯的勝利〉(*Le Triomphe de Bacchus*)
普桑（Nicolas Poussin，1594～1665年），繪於1635～1636年，藏於美國納爾遜－阿特金斯藝術博物館

↑〈年輕的巴克斯〉(*The Youth of Bacchus*)
布格羅（William-Adolphe Bouguereau，1825～1905年），繪於1884年，藏於瑞典國立博物館

03 半路撿來的可愛新娘

——酒神與阿麗雅德妮

身旁圍繞眾多女粉絲的酒神，挾著酒國英雄的豪情和柔情，擁有七八九個情人也挺正常的，但他真正的配偶是阿麗雅德妮公主，而酒神與公主的半路相遇，竟牽扯出一段駭人聽聞的皇室醜聞……。

戴奧尼索斯浪跡天涯，當他來到希臘的納克索斯島 (Naxos)，在海邊發現一位正在哭泣的可愛少女。戴奧尼索斯對少女一見鍾情，於是上前關心這位落單的女孩兒。這位少女是阿麗雅德妮，希臘克里特國王米諾斯和王后帕西菲伊 (Pasiphaë) 的女兒（米諾斯是宙斯將歐羅巴公主擄拐至克里特島所生的兒子，請見〈宙斯濫情史之為愛大變身〉歐羅巴公主的跨海綁架案）。阿麗雅德妮公主跟著情郎私奔，中途卻被丟包在這座島上，公主無所適從，只好坐在岸邊哭泣。

阿麗雅德妮愛上的負心漢，是希臘神話大英雄「雅典王子忒修斯 (Theseus)」。多年前，雅典和克里特發生戰爭，戰敗的雅典必須服從克里特國王米諾斯的要求，定期提供七對童男童女，獻祭給克里特島上的半牛半人怪物米諾陶 (Minotaur)。

米諾陶的誕生來自一段駭人聽聞的皇室醜聞——當年米諾斯和兄弟爭奪王位時，請求海王波賽頓賜予他一頭純白公牛，以證明自己神授王位的正統性。米諾斯向波賽頓承諾，只要自己成為國王，便會宰殺這頭白公牛獻祭給波賽頓。波賽頓答應了，從大海升起一頭白牛，助他順利登上王位。這頭白牛實在太完美了，登基後的米諾斯捨不得宰殺牠，竟偷偷改以另一頭牛作為祭品。波賽頓不甘受騙，憤而對王后帕西菲伊施加可怕詛咒，讓王后愛上這頭白牛。

鬼遮眼的王后就這麼迷戀上了白牛，不僅和白牛發生毀三觀的人獸交，還生下毀三觀的半牛半人怪物米諾陶。米諾陶凶暴殘忍且嗜吃人肉，為關押這頭恐怖怪物，米諾斯國王命令全希臘最厲害的建築師兼發明家代達羅斯(Daedalus)，建造無人能脫逃的複雜迷宮，定期將犯人和雅典城進貢的童男童女放入迷宮以供牠進食。

雅典王子忒修斯決定為民除害，他偽裝成獻身的祭品之一，來到克里特島的米諾斯王宮，打算殺死這隻嗜血牛頭怪。沒料到，阿麗雅德妮公主對英勇帥氣的忒修斯一見傾心，偷偷塞給他一顆金絲線球，告訴他進入迷宮後沿途放線，便能循原路走出迷宮（其實這迷宮解法是公主向代達羅斯求來的，果然解鈴還需繫鈴人啊！）。忒修斯在公主的幫助下，進入迷宮殺死牛頭怪米諾陶，並順利離開迷宮。當夜，忒修斯就帶著阿麗雅德妮和同行被獻祭的童男童女，一起逃離了克里特島。

忒修斯一行人搭船返回雅典城，途中暫停在納克索斯島休息。忒修斯在矇矓睡夢間，夢到神靈告誡他阿麗雅德妮已被許配給其他神明，要他一介凡人別肖想！被驚醒的忒修斯不敢反抗神意，悄聲命令船隻即刻啟程，拋棄了還在熟睡的公主。阿麗雅德妮醒來後發現四下無人，心愛的忒修斯竟然違背誓言，任她在陌生小島自生自滅，想到自身遭遇，阿麗雅德妮不禁悲從中來哭得梨花帶淚。

戴奧尼索斯聽完阿麗雅德妮的遭遇，憐憫之情油然而生，加上公主本就是他的天菜，於是溫柔地安慰公主不哭不哭眼淚是珍珠，然後向公主獻上星星皇冠求婚，從心理和物質層面表達他的真心。阿麗雅德妮嬌羞地點頭答應，兩人在納克索斯島上舉辦盛大的婚禮，而那頂作為定情物的星星皇冠，則化為星空中的北冕座，紀念戴奧尼索斯的愛情故事。

藝術主題──酒神與阿麗雅德妮

藝術家以此故事進行創作，多聚焦於「酒神與公主的相遇」與「酒神與公主的婚禮」兩大主題，是西洋藝術常見的繪畫題材。欣賞藝術品時，掌握以下關鍵線索，即能辨識此藝術主題。

✦ 5個關鍵線索

(1) 主要人物1：戴奧尼索斯，關鍵特徵請見「酒神的藝術形象」

(2) 主要人物2：阿麗雅德妮，若不是在熟睡，就是在和酒神對望

(3) 其他配角：酒神的小夥伴，包含跳舞狂歡的信徒、半人半羊薩提爾、山羊、花豹，以及偶爾插花的愛神邱比特（目的在突顯畫作的愛情主題）

(4) 輔助物件：定情的星星皇冠、天空中的北冕座

(5) 畫面場景：海邊場景，海上偶爾出現一艘代表忒修斯離開的帆船

文藝復興時期威尼斯畫派代表畫家提香的〈巴克斯和阿麗雅德妮〉，描繪兩人初次見面的場面。戴奧尼索斯帶領浩浩蕩蕩的隊伍，畫面出現許多可判別是酒神與信徒的識別元素：車前引路的花豹、信徒手中的酒神杖和羊腿、半人半羊種族的可愛小薩提爾、騎在驢上睡著的西勒努斯，提香筆下的人物向來顯得健壯且有生命力。

行進中的酒神赫然發現海岸邊的美少女，他驚訝於她的美麗，情不自禁從座車一躍而下飛撲她，飛揚在半空中的紅色斗篷，好似熾熱燃燒的愛火。這位少女正是阿麗雅德妮，剛睡醒的她發現情人忒修斯不在身邊，來不及穿好衣服就急忙衝向海邊，卻發現自己被情人拋棄在孤島（海平面上依稀可見一艘白帆船隻）。面對陌生男子高難度的跳車動作，不安的阿麗雅德妮顯得有些恐慌，本能伸出手臂阻擋（左手還抓著屁股）。沒錯，這正是酒神一見鍾情的愛戀名場面。

〈巴克斯和阿麗雅德妮〉(*Bacchus and Ariadne*)
提香（Titian，1490～1576 年），繪於 1520～1523 年，藏於英國倫敦國家美術館

→ 負心情郎拋棄我，心煩意亂別煩我～

〈巴克斯和阿麗雅德妮〉(*Bacchus and Ariadne*)
考夫曼（Angelica Kauffmann，1741～1807 年），繪於 1794 年，藏於英國國家名勝古蹟信託

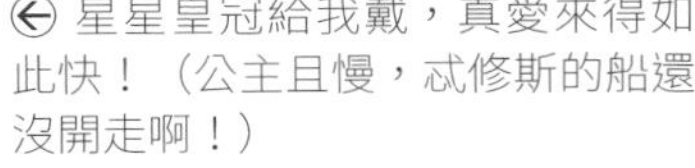

← 星星皇冠給我戴，真愛來得如此快！（公主且慢，忒修斯的船還沒開走啊！）

〈巴克斯和阿麗雅德妮〉(*Bacchus and Ariadne*)
勒蘇爾（Eustache Le Sueur，1616～1655 年），約繪於 1640 年，藏於美國波士頓美術博物館

◎德意志的上帝代言人——杜勒

韓　秀／著

杜勒出生於金匠家庭，十三歲時無師自通，以銀針素描畫出第一幅自畫像，技術堪與達文西、林布蘭並列。早在幾百年前的杜勒已有商標與版權的概念，他同時還是史上第一位身兼出版家的插畫家，展現了其無人能望其項背的精湛手藝。杜勒前衛的思想與實踐力，讓藝術有了開創性的發展。關於杜勒，還有更多的魅力，趕緊翻開本書，一起探尋他的斜槓人生！

◎神的兒子——埃爾．格雷考

韓　秀／著

埃爾．格雷考是來自希臘的藝術家，對於西班牙文藝復興繪畫有著極大的貢獻，影響後世深遠。但是，比起達文西、拉斐爾、米開朗基羅這些耳熟能詳的藝術家，大眾對於這位藝術家相對陌生。本書描寫來自希臘克里特島的藝術家格雷考到義大利威尼斯學畫，後來前往西班牙發展，成為西班牙文藝復興代表藝術家的故事。

◎巴洛克藝術第一人——卡拉瓦喬

韓　秀／著

卡拉瓦喬是巴洛克藝術的先驅，尤其善於利用光線的明暗，襯托出立體的空間感，使畫面充滿戲劇性的效果，為當時的藝術發展點亮一盞明燈，成為後輩藝術家們的楷模。本書為作者走訪世界各大博物館、美術館、圖書館，從堆積如山的資料中考證史實，梳理歷史脈絡，加以文學之筆，以平實真摯的文字，寫就一部娓娓動人的藝術家傳記。

◎不只是盛宴：餐盤裡的歐洲文化史

周惠民／著

自古以來「民以食為天」是不變的真理。人類需要進食才能生存，唯有活下去才能夠建構文明，而文明的各種發展又反過來影響人們的飲食習慣，也因此「吃」成了一門窺探過往生活與文化的大學問！本書梳理歐洲千年來的飲食文化史，從日常的吃喝瑣事——找尋食材、烹飪技巧、進食模式，帶你認識更有趣、更立體的過去，讓你發現原來人們的飲食，和政治變遷、經貿發展、宗教信仰、科技進步和階級差異等大歷史課題息息相關！

◎時尚宗教學

徐頌贊／著

拜訪古今中外的神佛仙妖，周遊東南西北的神話傳說，揭開魑魅魍魎的神祕印象，窺探天地神人的玄妙邏輯，還你一個有仙氣又有煙火氣的大千世界！本書以妖魔鬼怪、神佛仙聖為題，透過觀察這些魑魅魍魎，趣味理解宗教文化，並從中反觀人間生活。作者試圖重構一個飽滿、幽默、有情的幽微世界，把神明妖怪重新帶向人間，也把人間帶給他們。

◎智慧的河流——談西洋哲學的發展（增訂二版）

卓心美／編著

希臘神話與哲學有什麼關係？「吾愛吾師，但吾更愛真理。」是哪位哲人覺得真理高於權威呢？何人以駱駝、獅子、小孩比喻人的精神的三種變化？他想傳達什麼？你對知識探求的態度，是「螞蟻囤糧」？還是「蜘蛛結網」？抑或「蜜蜂釀蜜」？如果你的思緒已被上述的哲學小語激發了，那就翻開這本書一探究竟吧！

國家圖書館出版品預行編目資料

乖，你聽畫：希臘羅馬眾神篇——聽懂神話看懂神畫，那些西洋古典藝術的超狂神蹟！／葵花子著.——初版一刷.——臺北市：三民，2023
面；　公分.——(歷史天空)

ISBN 978-957-14-7566-0（平裝）
1. 西洋繪畫 2. 神話人物畫 3. 希臘神話
4. 羅馬神話

284.95　　　　111017653

乖，你聽畫：希臘羅馬眾神篇——聽懂神話看懂神畫，那些西洋古典藝術的超狂神蹟！

作　　者｜葵花子
責任編輯｜翁子閔
美術編輯｜黃子庭

發 行 人｜劉振強
出 版 者｜三民書局股份有限公司
地　　址｜臺北市復興北路 386 號 (復北門市)
　　　　　臺北市重慶南路一段 61 號 (重南門市)
電　　話｜(02)25006600
網　　址｜三民網路書店 https://www.sanmin.com.tw

出版日期｜初版一刷 2023 年 1 月
書籍編號｜S740740
I S B N｜978-957-14-7566-0

三民書局